Vorwort

Mit dem Ausbild
wurden die alte
mann/Kauffrau f
gestellter für Bür
gefasst.

Das vorliegende
Kauffrau für Bü
Zusammenfassun

Dieses Buch kan
schlagewerk kon
bereitung auf K
Darüber hinaus
eine hilfreiche E

Zur Lernunterstü
BuchPlusWeb ei
haft angelegt sin
hierzu erfahren S

Prüfungsmoda

Die Abschlusspr
für Büromanage
prüfung durchg
nung über die
Büromanagemen

[1] *Aus Gründen der be*
sind gleichzeitig auch

Teil 1 (Mitte des 2. Ausbildungsjahres)

Prüfungsfach/Prüfungsanforderungen	Dauer (in Min.)	Aufgabentyp	Gew.
Informationstechnisches Büromanagement Der Prüfling soll nachweisen, dass er ■ im Rahmen eines ganzheitlichen Arbeitsauftrags Büro- und Beschaffungsprozesse organisieren und kundenorientiert bearbeiten und ■ unter Anwendung von Textverarbeitung sowie Tabellenkalkulation recherchieren, dokumentieren und kalkulieren kann.	120	Bearbeitung berufstypischer Aufgaben am PC (praktische Prüfung)	25 %

Teil 2 (gegen Ende des 3. Ausbildungsjahres)

Prüfungsfach/Prüfungsanforderungen	Dauer (in Min.)	Aufgabentyp	Gew.
Wirtschafts- und Sozialkunde Der Prüfling soll nachweisen, dass er ■ allgemeine wirtschaftliche und gesellschaftliche Zusammenhänge der Berufs- und Arbeitswelt darstellen und beurteilen kann.	60	schriftliche Prüfung nur maschinell auswertbare Aufgaben (gebunden oder ungebunden)	10 %
Kundenbeziehungsprozesse Der Prüfling soll nachweisen, dass er ■ komplexe Arbeitsaufträge handlungsorientiert bearbeiten kann, ■ Aufträge kundenorientiert abwickeln kann, ■ personalbezogene Aufgaben wahrnehmen kann und ■ Instrumente der kaufmännischen Steuerung fallbezogen einsetzen kann.	150	schriftliche Prüfung (berufstypische Aufgaben) 90 Minuten ungebundene (offene) Aufgaben 60 Minuten maschinell auswertbare Aufgaben (gebunden oder ungebunden)	30 %

<table>
<tr><th>Prüfungsfach/Prüfungsanforderungen</th><th>Dauer (in Min.)</th><th>Aufgabentyp</th><th>Gew.</th></tr>
<tr><td>Fachaufgabe in der Wahlqualifikation
Der Prüfling soll nachweisen, dass er
▪ berufstypische Aufgabenstellungen erfassen, Probleme und Vorgehensweisen erörtern sowie Lösungswege entwickeln, begründen und reflektieren kann,
▪ kunden- und serviceorientiert handeln kann,
▪ betriebspraktische Aufgaben unter Berücksichtigung wirtschaftlicher, ökologischer und rechtlicher Zusammenhänge planen, durchführen und auswerten kann und
▪ Kommunikations- und Kooperationsbedingungen berücksichtigen kann.</td><td>20</td><td>fallbezogenes Fachgespräch, eingeleitet durch eine Präsentation des Prüflings (mündlich)
Zwei Varianten für die Vorbereitung auf das Fachgespräch:
▪ „Report"-Variante: Durchführung einer betrieblichen Fachaufgabe in beiden Wahlqualifikationen und Dokumentation in einem max. dreiseitigen Report
oder
▪ „klassische" Variante: Bearbeitung von Wahlaufgaben, die der Prüfungsausschuss stellt (20 Min. Einlesezeit)</td><td>35 %</td></tr>
</table>

In jedem der vier Prüfungsfächer sind höchstens 100 Punkte zu erreichen. Dabei gilt der folgende **Notenschlüssel:**

100–92 Punkte	Note 1 (sehr gut)
unter 92–81 Punkte	Note 2 (gut)
unter 81–67 Punkte	Note 3 (befriedigend)
unter 67–50 Punkte	Note 4 (ausreichend)
unter 50–30 Punkte	Note 5 (mangelhaft)
unter 30–0 Punkte	Note 6 (ungenügend)

Die Abschlussprüfung ist bestanden, wenn die Leistungen

1. im Gesamtergebnis von Teil 1 und Teil 2 der Abschlussprüfung mit mindestens „ausreichend",
2. im Endergebnis von Teil 2 der Abschlussprüfung mit mindestens „ausreichend",
3. in mindestens zwei Prüfungsbereichen von Teil 2 der Abschlussprüfung mit mindestens „ausreichend" und
4. in keinem Prüfungsbereich der Abschlussprüfung von Teil 2 der Abschlussprüfung mit „ungenügend" bewertet worden sind.

Auf Antrag des Prüflings ist die Prüfung in einem der mit schlechter als „ausreichend" bewerteten Prüfungsbereiche, in denen Prüfungsleistungen mit eigener Anforderung und Gewichtung schriftlich zu erbringen sind, durch eine mündliche Prüfung von etwa 15 Minuten zu ergänzen, wenn dies für das Bestehen der Prüfung den Ausschlag geben kann **(Ergänzungsprüfung)**. Bei der Ermittlung des Ergebnisses für diesen Prüfungsbereich sind das bisherige Ergebnis und das Ergebnis der mündlichen Ergänzungsprüfung im Verhältnis 2 : 1 zu gewichten.

Verfasser und Verlag wünschen Ihnen nicht nur viel Erfolg beim Arbeiten mit diesem Buch, sondern auch die gewünschten Prüfungsergebnisse!

Bayreuth, im Frühjahr 2017 Michael Sieber

Inhaltsverzeichnis

A Wirtschafts- und Sozialkunde

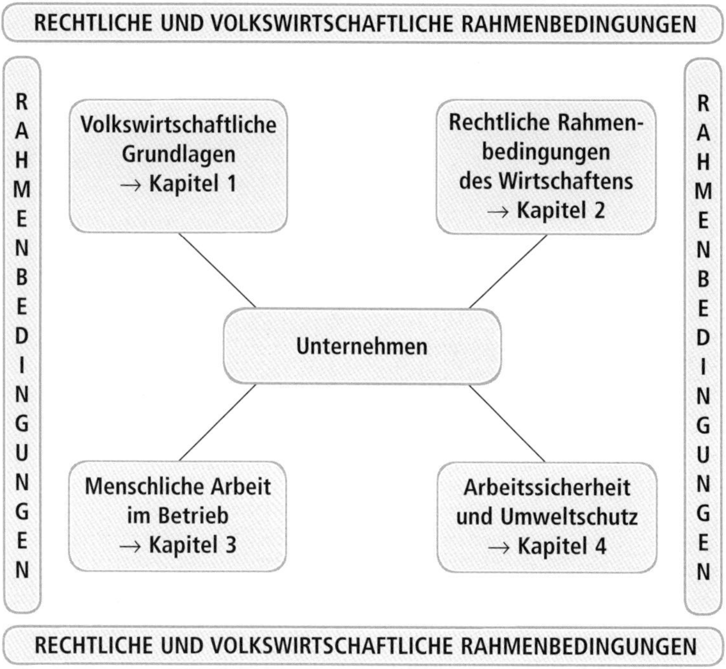

1 Volkswirtschaftliche Grundlagen

1.1 Bedürfnisse, Bedarf, Nachfrage, Güter

▶ Unter Bedürfnissen versteht man die Mangelempfindungen der Menschen, die diese zu beheben bestrebt sind.

Überblick über die einzelnen Bedürfnisarten

Einteilung	Arten	*Beispiele*	Mittel der Befriedigung (Güter)
nach der Dringlichkeit	Existenzbedürfnisse (absolute Bedürfnisse = Primärbedürfnisse)	*Hunger, Durst*	Nahrung, Getränke
	Kultur- und Luxusbedürfnisse (relative Bedürfnisse = Sekundärbedürfnisse)	*Erholung, Freizeit*	Urlaubsreise, Segeljacht
nach dem Gegenstand	materielle Bedürfnisse	*Wohnraum*	Haus
	immaterielle Bedürfnisse	*Sicherheit und Schutz der Wohnungseinrichtung*	Hausratversicherung
nach den gesellschaftlichen Befriedigungsmöglichkeiten	Individualbedürfnisse (Bedürfnisse, die bei einer einzelnen Person auftreten)	*Hunger, Durst*	Nahrung, Getränke
	Kollektivbedürfnisse (Bedürfnisse, die von einer Gemeinschaft ausgehen)	*Sicherheit, Bildung*	Polizei, Schulen

▶ Als Bedarf bezeichnet man die mit Kaufkraft versehenen Bedürfnisse.

▶ Nachfrage nennt man den auf dem Markt erscheinenden Bedarf.

▶ Güter sind Mittel, die dem Menschen Nutzen stiften.

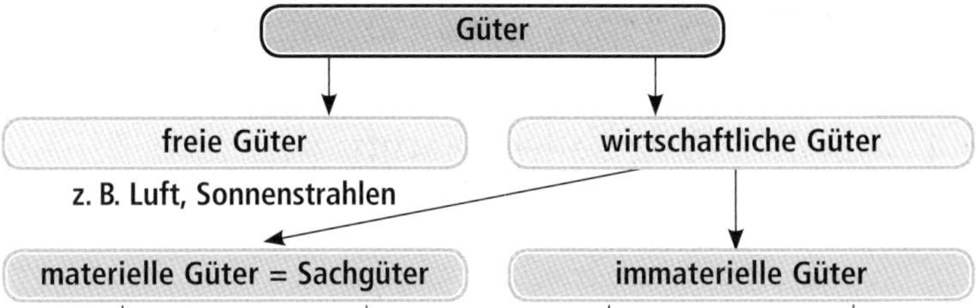

Konsumgüter	Investitionsgüter	Dienstleistungen	Rechte
= Güter, die für den Endverbraucher bestimmt sind	= Güter, die von Unternehmen für die Herstellung und Verteilung anderer Güter bestimmt sind	z. B. Friseur, Kreditgewährung, Versicherungsleistungen	z. B. Patente, Lizenzen, Eigentumsrechte
▪ Gebrauchsgüter sind langfristig nutzbar (z. B. Küchenmesser).	▪ Gebrauchsgüter sind langfristig nutzbar (z. B. Regale).		
▪ Verbrauchsgüter werden beim Konsum verbraucht (z. B. Milch).	▪ Verbrauchsgüter werden bei der Nutzung verbraucht (z. B. Metallgehäuse für ein hergestelltes Produkt).		

1.2 Ökonomisches Prinzip

Maximalprinzip

Mit den gegebenen Mitteln ist der größtmögliche Erfolg zu erzielen (z. B.: Mit einem vollen Tank sollen so viele Kilometer wie möglich gefahren werden).

Minimalprinzip

Ein geplanter Erfolg ist mit dem geringstmöglichen Mitteleinsatz zu erzielen (z. B.: Für die Strecke München – Hamburg soll so wenig Sprit wie möglich verbraucht werden).

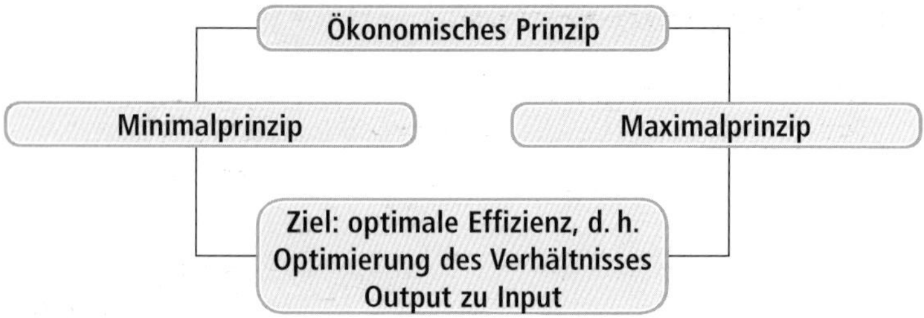

1.3 Ziele erwerbswirtschaftlicher Betriebe

Unternehmen handeln im Gegensatz zu gemeinnützigen Organisationen (z. B. Caritas, Malteser u. Ä.) nach dem erwerbswirtschaftlichen Prinzip. Die obersten Unternehmensziele sind daher

- **operativ (= kurzfristig):** Gewinnmaximierung, Liquiditätssicherung,
- **strategisch (= langfristig):** Existenzsicherung.

Neben den operativen und strategischen Oberzielen streben Unternehmen eine Vielzahl von unterschiedlichen Zielen in unterschiedlichen Zielkategorien an. Dabei spielen für erwerbswirtschaftliche Betriebe die wirtschaftlichen Ziele immer die dominante Rolle.

Wirtschaftliche Ziele	Soziale Ziele	Ökologische Ziele	Gesellschaftliche Ziele
z. B.: ■ Gewinnmaximierung ■ Umsatzsteigerung ■ Absatzsteigerung ■ Steigerung der Eigenkapitalrendite ■ Erschließung neuer Märkte ■ Erhöhung des Marktanteils	z. B.: ■ Arbeitsplatzsicherung ■ Sozialleistungen für Mitarbeiter ■ Arbeitszufriedenheit der Mitarbeiter	z. B.: ■ ressourcenschonende Herstellungsverfahren ■ Umweltverträglichkeit der Produkte ■ umweltschonende Entsorgung ■ Recycling	z. B.: ■ positives Unternehmensimage ■ Corporate Identity (Unternehmensidentität, Unverwechselbarkeit des Unternehmens) ■ politischer Einfluss

1.4 Wirtschaftskreislauf

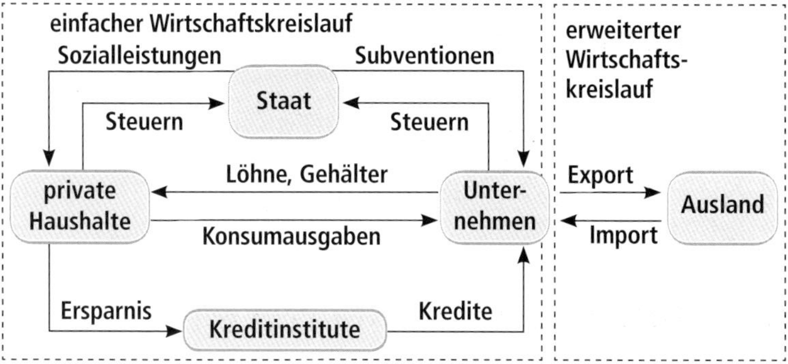

Bei allen Strömen im Wirtschaftskreislauf handelt es sich um Geldströme. Beim Import fließt Geld von den Unternehmen ins Ausland. Beim Export dagegen fließt das Geld vom Ausland in die inländischen Unternehmen. Bei den Zahlungsströmen zwischen privaten Haushalten und den Kreditinstituten wird davon ausgegangen, dass die privaten Haushalte per Saldo mehr sparen als Kredite aufnehmen und dass von den Unternehmen per Saldo mehr Kredite aufgenommen als Ersparnisse eingelegt werden.

1.5 Begriff und Funktion des Marktes

▸ Als Markt bezeichnet man den gedachten oder tatsächlichen Ort, wo Angebot und Nachfrage aufeinandertreffen und sich ein Preis bildet.

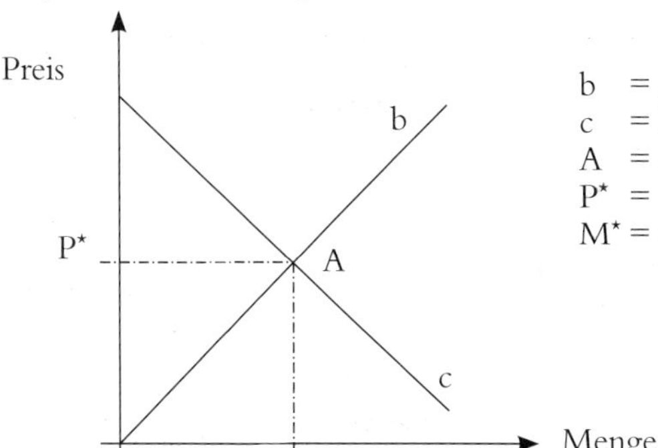

b = Angebot
c = Nachfrage
A = Gleichgewichtspunkt
P* = Gleichgewichtspreis
M* = Gleichgewichtsmenge

Nachfrage steigt.	c verschiebt sich parallel nach rechts oben.	P* steigt und M* steigt.
Nachfrage sinkt.	c verschiebt sich parallel nach links unten.	P* sinkt und M* sinkt.
Angebot steigt.	b verschiebt sich parallel nach rechts unten.	P* sinkt und M* steigt.
Angebot sinkt.	b verschiebt sich parallel nach links oben.	P* steigt und M* sinkt.

Je nach Güterart, Organisation und Zugangsmöglichkeiten unterscheidet man folgende Märkte:

- Faktormärkte (Arbeits- und Kapitalmarkt)
- Gütermärkte (Sachgüter und Dienstleistungen)
- organisierte Märkte (Flohmärkte)
- nicht organisierte Märkte (eBay)
- offene Märkte (freier Marktzutritt)
- geschlossene Märkte (Großmärkte)
- regionale, nationale, internationale Märkte

Zahl der Nachfrager / Zahl der Anbieter	einer	wenige	viele
einer	zweiseitiges Monopol (z. B. Markt für spezielle Sonderanfertigungen)	beschränktes Angebotsmonopol (z. B. Markt für patentierte medizinische Spezialgeräte)	Angebotsmonopol (z. B. Markt für die Zustellung von Briefen → Postmonopol)
wenige	beschränktes Nachfragemonopol (z. B. Markt für Rüstungsgüter)	zweiseitiges Oligopol (z. B. Flugzeugmarkt)	Angebotsoligopol (z. B. Benzinmarkt)
viele	Nachfragemonopol (z. B. Staat als einziger Nachfrager nach Autobahnen)	Nachfrageoligopol (z. B. Markt für Obstverwertung	Polypol (z. B. Lebensmittelmarkt)

1.6 Kooperation und Konzentration

Schließen sich Unternehmen gezielt zusammen, spricht man von Kooperation und Konzentration. Konzentrationsprozesse bis hin zu Monopolstellungen auf der Anbieterseite schwächen zwar in der Regel die Position der Nachfrager, sind aber nicht grundsätzlich illegal. So kann eine Monopolstellung beispielsweise auch durch eine technische

Innovation entstehen ***(Beispiel:*** *VW erfindet ein Auto mit einem Benzinverbrauch von nur 1 l auf 100 km).*

Auch das Angebot von seltenen Rohstoffen kann in der Hand eines einzigen Anbieters sein, ohne dass es ungesetzlich wäre.

Die wichtigsten Formen solcher Unternehmenszusammenschlüsse sind:

Kartelle

Wenn gleichartige Betriebe zur Beeinflussung des Marktes Abmachungen treffen, spricht man von Kartellen. Die Kontrolle erfolgt durch das Bundeskartellamt auf der Grundlage des Gesetzes gegen Wettbewerbsbeschränkungen (GWB). Kartelle sind grundsätzlich verboten (§ 1 GWB).

Nach § 2 GWB ist jedoch unter bestimmten Voraussetzungen eine Freistellung vom Kartellverbot möglich, wenn der Wettbewerb durch das Kartell nicht ausgeschaltet wird (System der Legalausnahme). Ebenfalls nicht verboten sind Mittelstandskartelle, bei denen es darum geht, die Wettbewerbsfähigkeit kleiner und mittlerer Unternehmen zu verbessern (§ 3 GWB).

Beispiele für verbotene Kartelle:

- Preiskartell: Vereinbarte Verkaufspreise werden nicht unterschritten.
  (Beispiel: *Alle Mineralölgesellschaften vereinbaren, dass sie in Zukunft für Diesel genau 2,00 EUR pro Liter verlangen werden.)*
- Quotenkartell: Jedem Mitglied wird nur ein ganz bestimmtes Produktions- oder Verkaufskontingent, also eine bestimmte Quote, gestattet.
  (Beispiel: *Beim Bau öffentlicher Kläranlagen sprechen sich die Anbieter gegenseitig ab, wer bei einer Ausschreibung welchen Preis für einen Kläranlagenneubau anbietet. Da die Preise abgestimmt sind, steht schon vorher fest, wer den Auftrag jeweils bekommen wird. Durch dieses abgesprochene Verhalten wird sichergestellt, dass jedes Unternehmen regelmäßig Aufträge erhält, und zudem, dass der Preis künstlich hochgehalten wird.)*

Konzerne

▸ Die beteiligten Unternehmen bleiben nach außen hin bestehen, sie geben jedoch ihre wirtschaftliche Selbstständigkeit auf.
(Beispiel: *Der niederländische Konsumgüterkonzern Unilever kauft das Unternehmen Langnese auf. Das Unternehmen Langnese besteht weiterhin, ist jedoch wirtschaftlich unter der Leitung von Unilever.)*

Trusts

▶ Vereinigen sich zwei oder mehr Unternehmen unter Aufgabe ihrer wirtschaftlichen und rechtlichen Selbstständigkeit bezeichnet man dies auch als Fusion. Erfolgt die Fusion mit dem Ziel, dadurch eine marktbeherrschende Stellung zu erreichen, spricht man von einem Trust. *(**Beispiel:** die Vereinigung von Daimler-Benz mit dem amerikanischen Autokonzern Chrysler zu Daimler-Chrysler durch einen Aktientausch)*

1.7 Produktionsfaktoren

Betriebswirtschaftliche Produktionsfaktoren

Elementarfaktoren	Dispositive Faktoren
▪ ausführende Arbeit	▪ betriebliche Führung
▪ Waren	▪ Planung
▪ Standort	▪ Organisation
▪ Ausstattung	▪ Überwachung

Kombination = Zusammenwirken der Produktionsfaktoren
Substitution = Austausch der Produktionsfaktoren

Volkswirtschaftliche Produktionsfaktoren

Boden	Arbeit	Kapital	Bildung
▪ Anbaufaktor ▪ Abbaufaktor ▪ Standortfaktor	▪ dispositive (anordnende, verwaltende, organisierende) Arbeit ▪ ausführende Arbeit	▪ produzierte Produktionsmittel: Kombination aus Boden und Arbeit ▪ wird durch Konsumverzicht gebildet	▪ Technisches Wissen und technischer Fortschritt müssen durch Ausbildung und Bildung vermittelt werden.
→ ursprüngliche Produktionsfaktoren		→ abgeleitete Produktionsfaktoren	

1.8 Arbeitsteilung

Gesellschaftliche Arbeitsteilung	Technische Arbeitsteilung	Volkswirtschaftliche Arbeitsteilung	Internationale Arbeitsteilung
■ Aufteilung der Arbeit nach Alter (Phase des Lernens, des Arbeitens und des Ruhestands) ■ Berufsspaltung (Spezialisierung, z. B. Neurologe, Hautarzt, Augenarzt, Orthopäde)	■ Arbeitszerlegung in repetitive (= sich wiederholende) Teilarbeiten (z. B. Fließbandarbeit in der Massenproduktion) ■ Verstärkter Einsatz von Maschinen ersetzt die menschliche Arbeitskraft (z. B. Automat zur automatischen Leergutannahme).	■ primärer Sektor: Urerzeugung (z. B. Landwirtschaft, Kohlebergbau) ■ sekundärer Sektor: Weiterverarbeitung (z. B. Lebensmittelindustrie) ■ tertiärer Sektor: Verteilung und sonstige Dienstleistungen (z. B. Einzelhandel)	Bestimmte Länder spezialisieren sich aus verschiedenen Gründen auf die Herstellung bestimmter Produkte, z. B.: ■ Güter kommen nur in bestimmten Ländern vor (z. B. Erdöl, Bananen). ■ Güter werden in bestimmten Ländern deutlich günstiger produziert. ■ Güter werden in bestimmten Ländern mit deutlich besserer Qualität produziert.

Vorteile der Arbeitsteilung	Nachteile der Arbeitsteilung
■ höhere Produktivität ■ steigende Einkommen ■ bessere Güterversorgung ■ Arbeitszeitverkürzung ■ bessere Arbeitsergebnisse, da Spezialisierung ■ kostenoptimale Produktion → niedrigere Güterpreise	■ gegenseitige Abhängigkeit der Betriebe und Länder ■ Gesamtübersicht kann verloren gehen ■ evtl. einseitige Umweltbelastung, z. B. bei internationaler Arbeitsteilung ■ Arbeitsplatzverluste durch Offshoring (= Verlagerung von Arbeitsplätzen in Billiglohnländer)

1.9 Wirtschaftsordnungen

Zwei Grundmodelle von Wirtschaftsordnungen

Freie Marktwirtschaft
(z. B. in den USA)

→ Orientierung am Einzelnen: uneingeschränkte Freiheit für jeden
Leitidee: wirtschaftlicher Liberalismus

→ Eigennutz = Gemeinnutz

- Privateigentum an den Produktionsmitteln
- Vertragsfreiheit
- Gewerbefreiheit
- Berufswahlfreiheit
- Konsumfreiheit
- offene Märkte
- keine Eingriffe des Staates

Zentralverwaltungswirtschaft
(z. B. in der ehemaligen DDR)

→ Orientierung an der Gemeinschaft:
Die Gesellschaft steht über allen Einzelwesen.
Leitidee: Sozialismus

→ Gemeinnutz geht vor Eigennutz.

- Produktivvermögen ist Kollektiveigentum.
- Unterordnung der Betriebe unter die öffentliche Verwaltung
- Lenkungsfunktion des Staates

Soziale Marktwirtschaft

(Wirtschaftsordnung der Bundesrepublik Deutschland)

↓

so viel persönliche Freiheit wie möglich, so viel staatliche Eingriffe wie nötig

„marktwirtschaftlich" bedeutet:
→ freier Wettbewerb (z. B. Privateigentum, Vertragsfreiheit, Gewerbefreiheit, Gesetz gegen Wettbewerbsbeschränkungen)
→ Angebot und Nachfrage bestimmen den Markt.

„sozial" bedeutet:
→ Schutz der Allgemeinheit oder des sozial Schwächeren (z. B. Sozialversicherungspflicht, Sozialbindung des Eigentums)

Die soziale Marktwirtschaft versucht, Vorteile von freier Marktwirtschaft und Zentralverwaltungswirtschaft zu vereinen.

1.10 Wirtschaftspolitik

1.10.1 Wirtschaftspolitische Ziele

Die Ziele der staatlichen Wirtschaftspolitik sind im § 1 des Stabilitätsgesetzes festgelegt.

Preisniveaustabilität

Bedeutung: Preisniveau ↑ => Geldwert/Kaufkraft ↓ => Wohlstand ↓

Messgröße: Steigerungsrate Verbraucherpreisindex (VPI) (gemessen vom Statistischen Bundesamt mithilfe eines Warenkorbes)

Ziel: Preissteigerungsrate $\leq 2\ \%$

Vollbeschäftigung

Bedeutung: Arbeitslosigkeit ↑ => Staatsausgaben ↑ Wohlstand ↓

Messgröße: Arbeitslosenquote = $\frac{\text{Anzahl Arbeitslose} \cdot 100}{\text{Anzahl der Erwerbspersonen}}$

Ziel: Arbeitslosenquote $\leq 3\ \%$

Außenwirtschaftliches Gleichgewicht

Bedeutung:

Ex > Im: Geldmenge ↑ => Preise ↑

Ex < Im: Absatz ↓ => AL ↑

Messgröße: Außenbeitrag (Export – Import)

Ziel: Außenbeitrag $\leq 2\ \%$ des nominalen BIP

Stetiges und angemessenes Wirtschaftswachstum

Bedeutung: Wachstum ↑ => Beschäftigung ↑ => Einkommen ↑ => Wohlstand ↑

Messgröße: Veränderung des realen Bruttoinlandsprodukts (BIP)

Ziel: reale (preisbereinigte) Wachstumsrate des BIP $\geq 3\ \%$

Die Ziele des Stabilitätsgesetztes stehen in engen Wechselwirkungen. Zum Teil begünstigen sich die Ziele in ihrer Zielerreichung gegenseitig (komplementäre Zielbeziehungen, z. B. Wirtschaftswachstum und Vollbeschäftigung), zum Teil bedeutet das Ansteuern eines Ziels automatisch die

Entfernung von einem anderen Ziel (konkurrierende Zielbeziehungen, z. B. Wirtschaftswachstum und Preisniveaustabilität, Vollbeschäftigung und Preisniveaustabilität). Da es unmöglich ist und quasi der Magie bedürfte, alle Ziele gleichzeitig zu erreichen, spricht man auch vom **„magischen Viereck“**.

Die vier Ziele des „magischen Vierecks“ werden durch die Einbeziehung der volkswirtschaftlichen Ziele **gerechte Einkommensverteilung** und **lebenswerte Umwelt** zum **„magischen Sechseck“** erweitert.

1.10.2 Konjunkturpolitik

Die wirtschaftliche Entwicklung verläuft nicht stetig, sondern wechselt von „guten“ zu „schlechten“ Zeiten in einem unregelmäßigen Rhythmus, dem sogenannten Konjunkturzyklus.

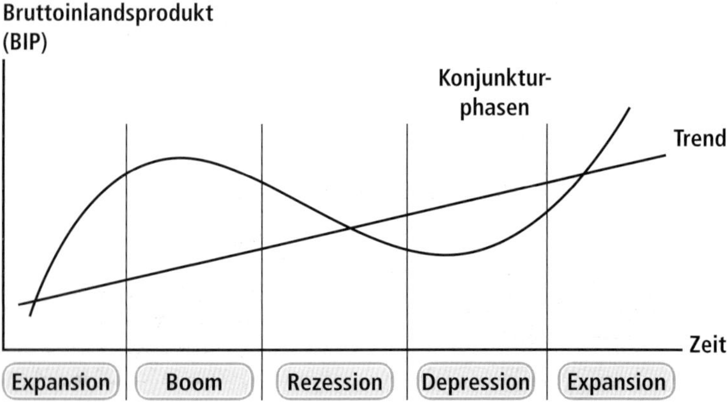

Als **Fiskalpolitik** bezeichnet man die **Ausgaben- und Einnahmenpolitik des Staates** zum Zweck der Konjunktursteuerung.

Die antizyklische Fiskalpolitik verlangt, dass der Staat

- im Konjunkturaufschwung die Einnahmen (vor allem Steuern) erhöht und die Ausgaben kürzt, um eine Konjunkturüberhitzung zu vermeiden,
- im Konjunkturabschwung die Einnahmen (vor allem Steuern) senkt und die Ausgaben erhöht, um die Konjunktur anzukurbeln.

Verschuldet sich der Staat, um die Konjunktur zu fördern, spricht man von **Deficitspending** (z. B. Konjunkturpakete der Bundesregierung zur Bekämpfung der Finanz- und Wirtschaftskrise).

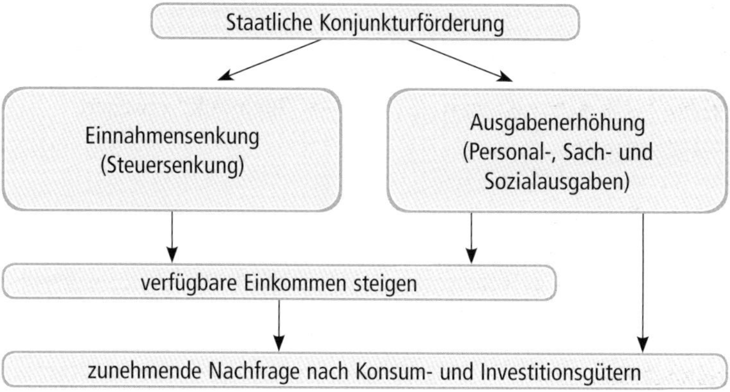

Gefahren:

- Inflation
- wachsende Staatsverschuldung

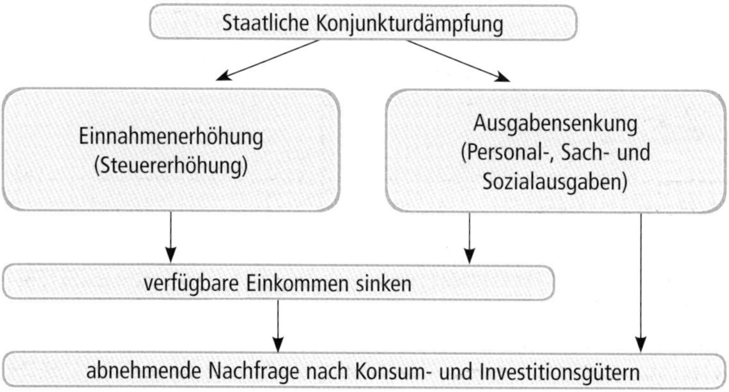

Gefahren:

- Rezession
- zunehmende Arbeitslosigkeit

1.10.3 Geldpolitik

Die Geldpolitik innerhalb der Eurozone wird von der Europäischen Zentralbank (EZB) mit Sitz in Frankfurt a. M. gesteuert. Die Europäische Zentralbank ist in ihren Entscheidungen autonom und unabhängig von den Regierungen. Sie verfolgt als Hauptziel, durch die Steuerung der Geldmenge die Geldwertstabilität, also die Stabilität der Währung Euro, zu gewährleisten und die Inflation zu bekämpfen. Daneben soll sie aber auch die Wirtschaftspolitik der EU-Länder unterstützen.

Das geldpolitische Instrumentarium der EZB setzt sich aus den folgenden Instrumenten zusammen:

Leitzins

Unter **Leitzins** versteht man den von der Zentralbank festgelegten Zinssatz zur Steuerung des Geld- und Kapitalmarkts. Bei der EZB bilden die **Spitzenrefinanzierungsfazilität**, die **Hauptrefinanzierungsfazilität** und die **Einlagefazilität** den sogenannten Zinskorridor am Geldmarkt. Diese sogenannten **ständigen Fazilitäten** stellen die Möglichkeit für Geschäftsbanken dar, auf eigene Initiative gegen Zinszahlung Liquidität über die Refinanzierungsfazilitäten zu beziehen oder über die Einlagefazilität anzulegen. Der Zinssatz dieser Geschäfte bestimmt entscheidend die Zinssätze der Banken für Sparkonten und Kundenkredite.

Eine **Erhöhung des Leitzinses** (Politik des knappen Geldes) bewirkt:
- Erhöhung des Zinsniveaus → Rückgang der Kreditaufnahme
- Verminderung des Geldumlaufs
- Verteuerung und damit Rückgang der Investitionen
- Nachfragerückgang
- Dämpfung der Konjunktur
- Geldwertstabilität

Eine **Senkung des Leitzinses** (Politik des „billigen“ Geldes) bewirkt:
- Sinken des Zinsniveaus → verstärkte Kreditaufnahme
- Erhöhung des Geldumlaufs
- verstärkte Investitionstätigkeit
- Nachfragesteigerung
- Ankurbelung der Konjunktur
- Gefahr der Inflation

Mindestreservepolitik

Die EZB verlangt von den Geschäftsbanken, dass diese in Höhe eines bestimmten Prozentsatzes unverzinsliches Guthaben (Mindestreserven) bei der EZB hinterlegen.

Eine **Senkung der Mindestreserve** bewirkt

- eine Erhöhung der umlaufenden Geldmenge,
- eine Erhöhung des Kreditspielraums der Banken,
- eine Unterstützung der Politik des „billigen" Geldes.

Eine **Erhöhung der Mindestreserven** führt

- zur Einengung der Liquidität und des Kreditspielraums der Banken,
- zur Kreditverteuerung,
- zu einer Unterstützung der Politik des „knappen" Geldes.

Offenmarktpolitik

Die EZB tritt am „offenen Markt" als Käufer oder Verkäufer von Wertpapieren auf.

Der **Kauf von Wertpapieren** durch die EZB

- erhöht die Geldmenge,
- verbilligt die Kredite,
- unterstützt die Politik des „billigen" Geldes.

Der **Verkauf von Wertpapieren** durch die EZB

- vermindert die Geldmenge,
- verteuert die Kredite,
- unterstützt die Politik des „knappen" Geldes.

2 Rechtliche Rahmenbedingungen des Wirtschaftens

2.1 Rechtliche Grundbegriffe

Rechtssubjekte

Natürliche Personen	alle Menschen
Juristische Personen	Zweckschöpfung des Gesetzgebers, gebildet durch eine Summe von Personen und/oder Sachen zu einer Organisation ■ **juristische Personen des Privatrechts:** z. B. Kapitalgesellschaften (GmbH, AG), eingetragene Vereine ■ **juristische Personen des öffentlichen Rechts:** z. B. Bund, Länder, Gemeinden, Kreise, Universitäten, IHK, gesetzliche Krankenkassen

Rechtsobjekte

Sachen (= körperliche Gegenstände)	z. B. unbewegliche Sachen (Immobilien) wie Grundstücke und Gebäude oder bewegliche Sachen (Mobilien) wie Konsumgüter und Investitionsgüter
Rechte (= unkörperliche Gegenstände)	z. B. Persönlichkeitsrechte wie Firmenrechte und Namensrechte oder Vermögensrechte wie Forderungen und Patente

Willenserklärung

▶ Eine Willenserklärung ist eine rechtlich wirksame Äußerung, durch die die abgebende Person bewusst eine Rechtsfolge herbeiführen will.

Rechtsfähigkeit

▶ Fähigkeit, Träger von Rechten und Pflichten zu sein.

Die Rechtsfähigkeit beginnt bei natürlichen Personen mit der Geburt, bei juristischen Personen mit einem Hoheitsakt (bei juristischen Personen des öffentlichen Rechts) bzw. einem privaten Gründerakt (bei juristischen Personen des Privatrechts).

Geschäftsfähigkeit

▶ Fähigkeit, rechtswirksame Willenserklärungen abgeben zu können, d. h., Rechtsgeschäfte selbstständig abschließen zu können.

Unbeschränkte Geschäftsfähigkeit

▶ Unbeschränkt geschäftsfähig sind alle natürlichen Personen, die das 18. Lebensjahr vollendet haben und sich im Vollbesitz ihrer geistigen Kräfte befinden.

Beschränkte Geschäftsfähigkeit

▶ Beschränkt geschäftsfähig sind alle natürlichen Personen zwischen dem vollendeten 7. und 18. Lebensjahr.

Alle Willenserklärungen sind bei beschränkt Geschäftsfähigen zunächst schwebend unwirksam. Erst durch Zustimmung des gesetzlichen Vertreters (im Regelfall die Eltern) wird die Willenserklärung gültig. Für eine Reihe von Rechtsgeschäften gilt jedoch, dass sie auch bei beschränkt Geschäftsfähigen ohne Zustimmung der Eltern rechtswirksam sind:

- Rechtsgeschäfte, die dem beschränkt Geschäftsfähigen nur einen rechtlichen Vorteil bringen (z. B. Annahme einer Schenkung)
- Rechtsgeschäfte, die mit Mitteln getätigt werden, die dem beschränkt Geschäftsfähigen im Rahmen des Taschengeldes zur Verfügung stehen („Taschengeldparagraf")
- Rechtsgeschäfte, die im Rahmen eines Arbeitsverhältnisses getätigt werden (z. B. Verkauf von Waren)

Geschäftsunfähigkeit

▶ Kinder bis zum vollendeten siebten Lebensjahr und Personen, die sich in einem die freie Willensbestimmung ausschließenden Zustand krankhafter Störung der Geistestätigkeit befinden, sind geschäftsunfähig.

Alle Willenserklärungen von Geschäftsunfähigen sind unwirksam und somit sind auch alle Rechtsgeschäfte nichtig.

Besitz

▶ tatsächliche Herrschaft über eine Sache (Wer „hat" es?)

Eigentum

▶ rechtliche Herrschaft über eine Sache (Wem „gehört" es?)

Eigentumsvorbehalt

▶ Der Lieferer behält sich das Eigentum an der Ware bis zur vollständigen Bezahlung vor. Der Käufer wird Besitzer, der Verkäufer bleibt Eigentümer.

2.2 Arten und Formen der Rechtsgeschäfte

Vertragsarten

Vertragsart	Vertragsgegenstand	*Beispiele*
Kaufvertrag	Lieferung eines fertigen Produkts	*jeder Kauf einer bereits fertiggestellten Sache*
Werkvertrag	entgeltliche Herstellung eines versprochenen Werkes	*Autoreparatur, Änderung eines Anzugs*
Werklieferungsvertrag	wie Werkvertrag, aber: Unternehmer stellt das Material	*Bestellung eines Maßanzugs, Unternehmer besorgt Stoff*
Dienstvertrag	Bereitstellung einer entgeltlichen Arbeitsleistung (erfolgsunabhängig)	*Arbeitsvertrag*
Mietvertrag	entgeltliche Überlassung von Sachen zum Gebrauch	*Mieten einer Wohnung, Mieten eines Pkw*
Pachtvertrag	entgeltliche Überlassung von Sachen oder Rechten zum Gebrauch und zum Fruchtgenuss	*Verpachtung eines Ackers, Verpachtung eines Restaurants*
Leihvertrag	unentgeltliche Überlassung einer Sache zum Gebrauch (Rückgabe derselben Sache)	*kostenloses Überlassen eines Pkw, kostenloser DVD-Verleih*
Darlehensvertrag	unentgeltliche oder entgeltliche Überlassung von vertretbaren Sachen (Sachdarlehen) oder Geld (Gelddarlehen) zum Gebrauch/ Verbrauch (Eigentumswechsel)	*Kreditvertrag, Ausleihen von Milch, Eiern und Mehl bei Nachbarn*

Einseitige Rechtsgeschäfte	Mehrseitige Rechtsgeschäfte
▶ nur eine Willenserklärung einer Partei notwendig	▶ mindestens zwei übereinstimmende Willenserklärungen notwendig
■ **empfangsbedürftige Willenserklärungen:** erst rechtswirksam, wenn der Empfänger die Willenserklärung erhalten hat *Beispiele: Kündigung, Anfechtung, Mahnung*	■ **einseitig verpflichtende Verträge:** Nur eine Vertragsseite ist zur Leistung verpflichtet. *Beispiele: Schenkung, Bürgschaft*
■ **nicht empfangsbedürftige Willenserklärungen:** sind bereits mit ihrer Abgabe rechtswirksam *Beispiel: Testament*	■ **mehrseitig verpflichtende Verträge:** Alle Vertragsseiten sind zu einer Leistung verpflichtet. *Beispiele: Kaufvertrag, Mietvertrag, Pachtvertrag*

Form der Rechtsgeschäfte

Grundsätzlich gilt für alle Verträge Formfreiheit. So können z. B. Kaufverträge auch mündlich oder nur durch schlüssiges Handeln (z. B. an der Supermarktkasse) abgeschlossen werden. Bei bestimmten Rechtsgeschäften bzw. Rechtshandlungen gibt es jedoch einen Formzwang:

Schriftform	eigenhändige Unterschrift notwendig, z. B. Kündigung, Testament, Schuldanerkenntnis, Bürgschaft (Ausnahme: Formfreiheit, wenn Bürge als Kaufmann im Sinne des Handelsgesetzbuches die Bürgschaft im Rahmen eines Geschäfts abgibt), Grundstücks- und Wohnungsmietverträge auf länger als ein Jahr
Notarielle Beglaubigung	Bestätigung der Echtheit **der Unterschrift** durch einen Notar, z. B. schriftliche Anmeldung zum Handelsregister oder Grundbucheintrag
Notarielle Beurkundung	Bestätigung **der Unterschrift und des Inhalts** der Erklärung durch einen Notar, z. B. Grundstückskaufverträge, Ehevertrag, Schenkungsversprechen, Erbverzicht

2.3 Nichtige und anfechtbare Rechtsgeschäfte

Nichtigkeit von Rechtsgeschäften

Nichtige Willenserklärungen sind von Anfang an nichtig (ungültig). Sie haben keine Rechtsfolgen, da kein rechtsgültiger Vertrag zustande gekommen ist.

Nichtig sind	*Beispiel*
Willenserklärungen von Geschäftsunfähigen.	*Ein 6-jähriger Schüler kauft eine DVD.*
Willenserklärungen von beschränkt Geschäftsfähigen gegen den Willen des gesetzlichen Vertreters.	*Ein 17-jähriger Auszubildender kauft gegen den Willen seiner Eltern ein Motorrad.*
Willenserklärungen, die im Zustand der Bewusstlosigkeit oder vorübergehenden Störung der Geistesfähigkeit abgegeben wurden.	*Ein Mann kauft im volltrunkenen Zustand ein wertvolles Gemälde.*
Willenserklärungen, die gegenüber einer anderen Person, mit deren Einverständnis nur zum Schein abgegeben wurden (= Scheingeschäft).	*Ein Gast lässt sich in einem Restaurant von einem Kellner eine Quittung über 200,00 EUR geben, obwohl er nur 100,00 EUR bezahlt. Er will die Quittung als Beleg für Geschäftskosten verwenden, um damit Steuern zu sparen.*
nicht ernst gemeinte Willenserklärungen (= Scherzgeschäfte).	*Jemand sagt im Scherz: „Du kannst mein Auto geschenkt haben.“*
Rechtsgeschäfte, die nicht in der vorgeschriebenen Form abgeschlossen wurden.	*Ein Vertrag über einen Hauskauf wurde nur mündlich abgeschlossen.*
Rechtsgeschäfte, die gegen ein gesetzliches Verbot verstoßen.	*Ein Verkäufer verkauft Alkohol an Kinder.*
Rechtsgeschäfte, die gegen die guten Sitten verstoßen.	*Ein Glasermeister nimmt nach einem Unwetter überhöhte Preise für seine Glasscheiben (= Wucher).*

Anfechtbarkeit von Rechtsgeschäften

Anfechtbare Willenserklärungen können im Nachhinein durch Anfechtung ungültig werden.

Bis zur Anfechtung sind sie gültig, d. h., es ist ein rechtsgültiger Vertrag zustande gekommen.

Anfechtungsgründe	*Beispiel*
Irrtum in der Erklärung: Die Äußerung einer Person entspricht nicht dem, was sie sagen wollte.	*Ein Einzelhändler bestellt irrtümlich 150 anstatt 15 Hemden.*
Irrtum über die Eigenschaft einer Person oder Sache	*Ein Einzelhändler stellt einen Buchhalter ein und erfährt nachträglich, dass dieser wegen Unterschlagung von Firmengeldern seines vorherigen Arbeitgebers vorbestraft ist.*
Irrtum in der Übermittlung: Die Willenserklärung wurde von der mit der Übermittlung beauftragten Person oder Organisation (z. B. der Post) falsch weitergegeben.	*Ein Einzelhändler bittet einen Angestellten, bei einem Großhändler telefonisch 100 linierte A4-Blöcke zu bestellen. Der Angestellte bestellt irrtümlich karierte Blöcke.*
widerrechtliche Drohung: Eine Person wird durch eine Drohung zur Abgabe einer Willenserklärung gezwungen.	*Ein Zeitschriftenwerber bedroht eine alte Frau und zwingt sie dazu, ein Zeitschriftenabonnement zu bestellen.*
arglistige Täuschung: Eine Person wird durch arglistige Täuschung zur Abgabe einer Willenserklärung veranlasst.	*Ein Kunde kauft einen gebrauchten Pkw. Nach Angaben des Verkäufers ist er unfallfrei. Nachträglich stellt sich heraus, dass der Pkw einen Unfallschaden hat.*

2.4 Kaufvertrag

2.4.1 Zustandekommen und Inhalt des Kaufvertrags

Der Kaufvertrag kommt durch zwei inhaltlich übereinstimmende, einander entgegengerichtete Willenserklärungen (Antrag und Annahme) zustande.

Verpflichtungsgeschäft (= Abschluss des Kaufvertrags)

Antrag und Annahme: Bestellung und Bestellungsannahme bzw.
Angebot und Bestellung

Pflichten des Käufers	Pflichten des Verkäufers
▪ rechtzeitige Zahlung des vereinbarten Kaufpreises ▪ Abnahme der Ware	▪ rechtzeitige, vereinbarungsgemäße, mangelfreie Übergabe der Ware ▪ Übertragung des Eigentums

Erfüllungsgeschäft (= Erfüllung des Kaufvertrags)

Im Erfüllungsgeschäft (auch Verfügungsgeschäft genannt) werden die im Verpflichtungsgeschäft eingegangenen Pflichten erfüllt (z. B. Verkäufer liefert die Ware, Käufer nimmt Ware an usw.).

Der **gesetzliche Erfüllungsort** für die Ware ist der Ort des Verkäufers (Warenschulden = Holschulden, d. h., der Käufer muss die Ware beim Verkäufer abholen) und für das Geld ist es der Ort des Käufers (Geldschulden = Schickschulden, d. h., der Käufer muss das Geld an den Ort des Verkäufers übermitteln).

Der **Gerichtsstand** ergibt sich aus dem gesetzlichen Erfüllungsort. Der allgemeine Gerichtsstand ist also der Sitz des Gerichts, in dessen Bezirk der Schuldner seinen Wohnsitz hat.

Inhalte des Kaufvertrags

- Art, Güte und Beschaffenheit der Ware (z. B. Muster, Warenzeichen, Gütezeichen, Handelsklassen, Jahrgänge, Güteklassen)
- Menge
- Preis der Ware
- Preisabzüge:
  - Rabatt kann z. B. gewährt werden als Mengenrabatt, Personalrabatt, Sonderrabatt, Treuerabatt, Naturalrabatt.
  - Bonus ist ein Nachlass, der nachträglich eingeräumt wird.
  - Skonto ist ein Nachlass, der für das Zahlen innerhalb eines Zahlungszeitraums eingeräumt wird.
- Lieferungsbedingungen:
  - Verpackungskosten (gesetzliche Regelung: Der Käufer trägt die Kosten der Versandverpackung, Verkäufer die Kosten der Verkaufsverpackung, vertragliche Regelungen möglich)
  - Frachtkosten (gesetzliche Regelung: Der Käufer trägt die Frachtkosten); vertragliche Regelungen:
    - „ab Werk“, „ab Lager“, „ab Rampe“: Der Käufer trägt alle Kosten des Transports.
    - „ab Bahnhof hier“, „ab hier“, „unfrei“: Der Verkäufer trägt die Kosten der Zufuhr (Rollgeld I) zum Versandbahnhof, der Käufer die Verladekosten, Frachtkosten und die Kosten der Anfuhr vom Bestimmungsbahnhof zum Firmensitz (Rollgeld II).
    - „ab Waggon“: Der Verkäufer übernimmt das Rollgeld I und die Verladekosten.

  - „frachtfrei", „Bahnhof dort": Der Käufer trägt das Rollgeld II.
  - „frei Haus", „frei Lager": Der Verkäufer trägt alle Transportkosten.
- Lieferzeit: Der Käufer kann die sofortige Lieferung verlangen. Vertragliche Regelungen sind möglich (z. B. „Lieferung innerhalb 20 Tage", „Lieferung am 08.08.2017").
- Zahlungsbedingungen: Der Verkäufer kann die sofortige Zahlung verlangen. Vertragliche Regelungen möglich (z. B. „Zahlungsziel 30 Tage").

2.4.2 Kaufvertragsarten

Unterscheidung nach	
dem Kaufgegenstand	■ Stückkauf: Kaufgegenstand ist eine nicht vertretbare Sache (Unikate wie z. B. Originalgemälde, Gebrauchtwagen). ■ Gattungskauf: Kaufgegenstand ist eine vertretbare Sache (Massenprodukte wie z. B. Kaffeemaschine, Neuwagen).
den Zahlungsbedingungen	■ Barkauf: Ware gegen Geld (Zug um Zug) ■ Zielkauf: Die Zahlung erfolgt innerhalb eines festgelegten Zahlungsziels. ■ Vorauszahlung: Die Zahlung erfolgt vor der Lieferung. ■ Ratenkauf: Die Zahlung erfolgt in Teilbeträgen (Raten). ■ Kommissionskauf: Der Verkäufer (Kommittent) räumt dem Käufer (Kommissionär) das Recht ein, alle nicht verkauften Artikel zurückzugeben.
der Lieferzeit	■ Sofortkauf: Die Lieferung erfolgt als direkte Reaktion auf den Vertrag, d. h., der Kunde nimmt die Ware gleich mit (z. B. im Supermarkt). ■ Kauf auf Abruf: Der Zeitpunkt der Lieferung wird vom Käufer bestimmt. ■ Sukzessivkauf: Teillieferungen erfolgen zu vorher genau bestimmten Terminen. Der Käufer muss die Ware nicht mehr abrufen. ■ Terminlieferung: Die Lieferung erfolgt zu einem genau bezeichneten Termin (z. B. „Lieferung am 03.04. d. J."). ■ Fixkauf: Die Lieferung steht und fällt mit der Einhaltung eines festgelegten Termins (z. B. „Lieferung am 30.03. d. J. fix").

Unterscheidung nach	
der rechtlichen Stellung der Vertragspartner	▪ bürgerlicher Kauf: Beide Vertragspartner handeln als Privatleute. ▪ einseitiger Handelskauf: Ein Vertragspartner handelt als Kaufmann, einer als Privatmann. ▪ zweiseitiger Handelskauf: Beide Vertragspartner handeln als Kaufleute.
der Art des Vertrages	▪ Kauf auf Probe: Der Kaufgegenstand kann innerhalb einer vereinbarten Frist zurückgegeben werden. ▪ Kauf nach Probe: Der gelieferte Kaufgegenstand muss mit der vorher begutachteten Probe übereinstimmen. ▪ Kauf zur Probe: Käufer erwirbt zunächst verbindlich eine kleinere Menge des Kaufgegenstandes und stellt eine größere Nachbestellung in Aussicht, wenn die Kaufsache seinen Erwartungen entspricht. ▪ Spezifikationskauf: Kaufgegenstand wird erst innerhalb einer vereinbarten Frist genauer bestimmt (spezifiziert), z. B. nach Größe, Farbe, Muster etc.

2.4.3 Allgemeine Geschäftsbedingungen (AGB)

Begriff	AGB sind vorformulierte Vertragsbedingungen („das Kleingedruckte"), die eine Vertragspartei (Verwender = Verkäufer) der anderen auferlegt (§ 305 BGB). Sie sind generell Bestandteil des Angebots.
Inhalt	▪ Leistungsbedingungen ▪ Zahlungsbedingungen ▪ Gewährleistungsfragen ▪ Haftungsfragen u. Ä.
Ziel	▪ Rationalisierung des Wirtschaftsverkehrs durch Standardisierung von Verträgen (Zeit- und Kostenersparnis) ▪ Überwälzen von Risiken auf die Vertragspartner
Gefahr	missbräuchliche Verwendung der AGB durch den Verkäufer, insbesondere bei einseitigen Handelskäufen, bei denen Privatleute übervorteilt werden könnten
Voraussetzung für Gültigkeit	▪ ausdrücklicher Hinweis ▪ deutlich sichtbarer Aushang ▪ Möglichkeit der Kenntnisnahme ▪ Einverständnis

Schutz

Das BGB (§ 308 ff.) schützt den Kunden (Verbraucherschutz, → Teil A, Kap. 2.8), indem es festlegt, was in den AGB stehen darf.

Beispiele für unwirksame Klauseln *(Klausel ist von Beginn an unwirksam):*
- *kurzfristige Preiserhöhungen*
- *Verkürzung oder Beschränkung der gesetzlichen Gewährleistungsfristen*
- *Ausschluss der Haftung für zugesicherte Eigenschaften*

Beispiele für bedingt unwirksame Klauseln *(Gericht kann sie für unwirksam erklären):*
- *Vorbehalt des Rücktrittrechts für die Leistungspflicht durch den Verwender der AGB ohne sachlichen Grund*
- *Vorbehalt des Verwenders, eine versprochene Leistung zu ändern und davon abzuweichen*
- *unangemessen lange und/oder nicht hinreichend bestimmte Fristen für die Erbringung der Leistung*

2.5 Zahlungsverkehr

Zahlungsarten

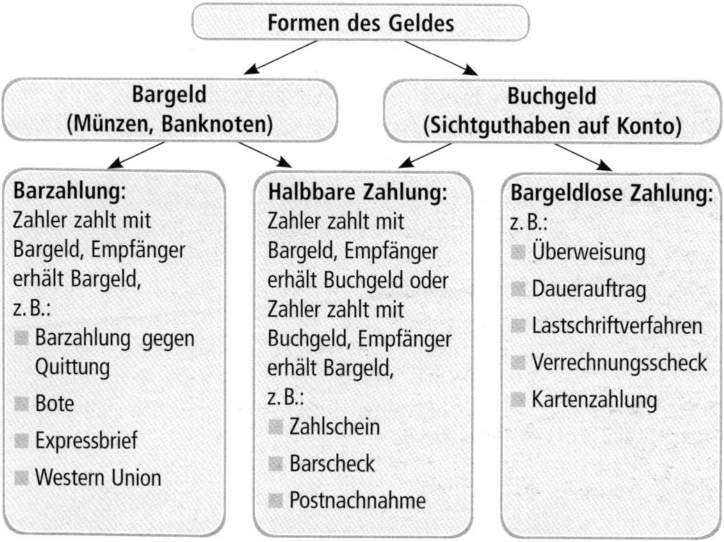

Barzahlung

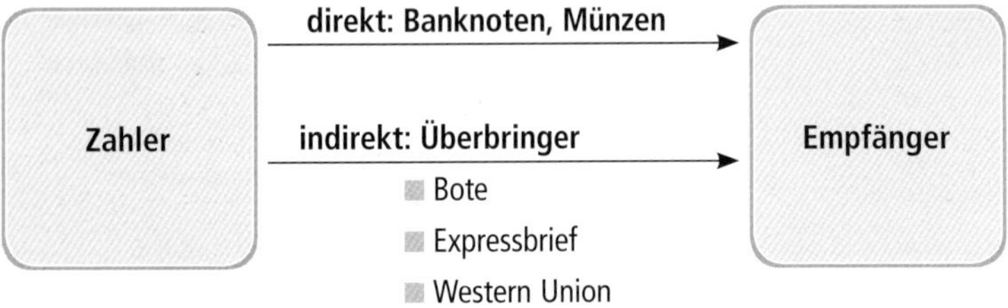

Der **Nachweis der Zahlung** erfolgt durch eine Quittung.

Bargeldlose Zahlung

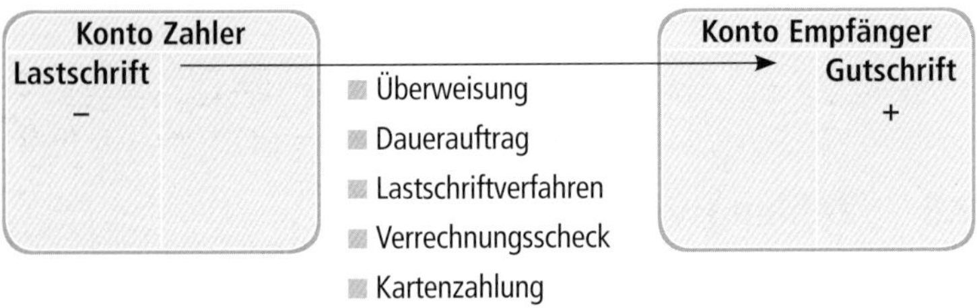

Kartenzahlung

Bei allen Kartenzahlungsverfahren erfolgt die Zahlung bargeldlos. Der bargeldlose Zahlungsverkehr setzt voraus, dass Schuldner und Gläubiger über ein Konto verfügen.

Kartenzahlung	Merkmale
Electronic Cash POS-System (Point of Sale)	- Der Kunde zahlt mit seiner Girocard (ehemals EC-Karte) mittels eines elektronischen Kartenlesegerätes am Verkaufsort (= point of sale). - Der Einzug des Geldbetrages erfolgt beleglos vom Bankkonto des Kunden. - Bei der Zahlung erfolgt die Eingabe der persönlichen Geheimzahl des Kunden (**PIN**) oder die Unterschrift auf einen Beleg. - Das Karten ausgebende Kreditinstitut **garantiert den Eingang der Zahlung.**

Kartenzahlung	Merkmale
Geldkarte	▪ Die Geldkarte wird an speziellen Ladeterminals der Hausbank bis zu 200,00 EUR aufgeladen. ▪ Der Zahlungsbetrag wird im Einzelhandelsgeschäft vom Chipguthaben abgebucht und dem Händler gutgeschrieben.
Kreditkarte	▪ Kreditkarten werden von Kreditkartenorganisationen wie VISA, MasterCard, Diners Club, American Express herausgegeben. ▪ Kreditkarteninhaber können weltweit bei allen Vertragsunternehmen der Kartenorganisationen bargeldlos bezahlen. ▪ Vertragsunternehmen bezahlen an die Kartenorganisationen eine Provision und erhalten von diesen die Verkaufserlöse vergütet.

Halbbare Zahlung

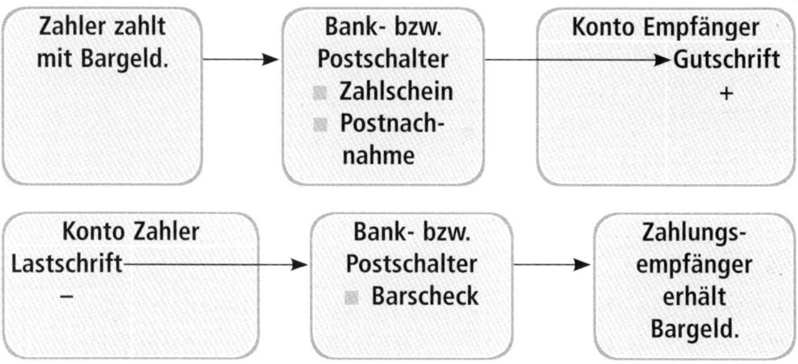

2.6 Kaufvertragsstörungen

Arten

Schlechtleistung (mangelhafte Lieferung)	Lieferungsverzug ("Nicht-Rechtzeitig-Lieferung")	Annahmeverzug	Zahlungsverzug ("Nicht-Rechtzeitig-Zahlung")
Mängel in der Art, Menge, Qualität	Bestellte Ware trifft nicht termingerecht ein.	Ordnungsgemäß gelieferte Ware wird nicht angenommen.	Ordnungsgemäß gelieferte Ware wird nicht bezahlt.

2.6.1 Lieferungsverzug („Nicht-Rechtzeitig-Lieferung")

Voraussetzungen des Lieferungsverzugs (§§ 281, 286 BGB)

- **Verschulden (§ 276 BGB)**
  Der Lieferant hat die Verzögerung verschuldet. Der Lieferant haftet für vorsätzliches und fahrlässiges Handeln, nicht für höhere **Gewalt.**
  - **Ausnahme:** Bei Gattungswaren ist ein Verschulden durch den Käufer nicht nachzuweisen.
- **Fälligkeit (§ 271 BGB)**
  Die Lieferung muss fällig sein.
- **Nachholbarkeit der Leistung (§ 275 BGB)**
  kein Lieferungsverzug, wenn die Leistung auf Dauer nicht mehr erbracht werden kann
- **Mahnung**
  Der Kunde muss nach Fälligkeit mahnen.
  - Die **Mahnung kann entfallen, wenn**
    - der Lieferzeitpunkt **kalendermäßig bestimmt oder bestimmbar** ist, insbesondere beim Fix- oder Zweckkauf.
    - der Lieferant sich selbst in Verzug setzt **(Selbstinverzugsetzung).**

Rechte des Gläubigers beim Lieferungsverzug („Nicht-Rechtzeitig-Lieferung")

- ohne Nachfrist
  - Erfüllung des Vertrags + evtl. Schadensersatz **neben** der Leistung (§ 286 BGB)
- mit Nachfristsetzung und Androhung der Geltendmachung der nachfolgenden Rechte nach erfolglosem Ablauf der Nachfrist
  - Rücktritt vom Kaufvertrag (§ 323 BGB)
  - Schadensersatz **statt** der Leistung (§ 281 BGB), z. B. Mehrkosten für Deckungskauf

Die Nachfristsetzung ist nicht notwendig, wenn

- der Schuldner die Leistung endgültig verweigert,
- ein Fix- oder Zweckkauf vorliegt,
- besondere Umstände vorliegen, die unter Abwägung der beiderseitigen Interessen den sofortigen Rücktritt rechtfertigen.

2.6.2 Schlechtleistung (mangelhafte Lieferung)

Mängelarten

- Falschlieferung (z. B. falscher Artikel, falsche Farbe)
- Zuweniglieferung (z. B. statt acht werden nur sechs Palletten geliefert)
- Mangel in der Beschaffenheit (z. B. Dose mit Lack, der bereits eingetrocknet ist)
- Montagemangel (z. B. Spülmaschine verliert aufgrund fehlerhafter Montage Wasser)
- mangelhafte Montageanleitung („Ikea-Klausel")
- Ware ungleich Werbung (Fehlen einer zugesicherten Eigenschaft, z. B. die als wasserdicht beworbene Uhr ist nicht wasserdicht)
- Rechtsmangel (z. B. Kauf einer Immobilie, bei dem die Information vorenthalten wird, dass der derzeitige Bewohner ein lebenslanges Wohnrecht hat → Kaufsache hat einen Rechtsmangel, weil der Käufer zwar das Eigentum erwirbt, aber sein Eigentum nicht voll ausüben kann)

Mängelarten im Hinblick auf ihre Erkennbarkeit

- offene Mängel (z. B. Beschädigungen am Gehäuse, die von außen sofort zu erkennen sind)
- versteckte Mängel (z. B. gelieferte Lackdosen beinhalten Lack, der bereits eingetrocknet ist → von außen nicht erkennbar)
- arglistig verschwiegene Mängel (z. B. Bodenleger verlegt bewusst nur ein 6 mm statt wie vereinbart ein 10 mm starkes Parkett, um Geld zu sparen → zusätzlich zu dem Mangel liegt der strafrechtliche Tatbestand des Betrugs vor)

Rügefristen

Wird ein Mangel entdeckt, ist dies dem Verkäufer mittels einer Mängelrüge mitzuteilen. Die Mängelrüge unterliegt keiner Formvorschrift, wird i. d. R. aber aufgrund der größeren Rechtssicherheit schriftlich erfolgen. Bezüglich der Rügefristen gelten beim zweiseitigen Handelskauf strengere Regeln als beim einseitigen Handelskauf, da Kaufleute i.S.d. HGB im Gegensatz zu Privatleuten über einen organisierten Wareneingang verfügen.

Einseitiger Handelskauf (zwischen Kaufmann und Nichtkaufmann)	Zweiseitiger Handelskauf (zwischen zwei Kaufleuten)
■ offene Mängel: innerhalb von zwei Jahren ■ versteckte Mängel: innerhalb von zwei Jahren	■ offene Mängel: unverzüglich ■ versteckte Mängel: unverzüglich nach Entdeckung, jedoch innerhalb von zwei Jahren

Rechte

vorrangiges Recht

Nacherfüllung → § 439 BGB

Nachbesserung oder Neulieferung

↓

erfolgloser Ablauf einer gesetzten Nachfrist

↓

nachrangige Rechte

- **Rücktritt vom Vertrag** (nicht bei geringfügigen Mängeln) → §§ 440, 323, 326 BGB
- **Minderung** (= Preisnachlass) + evtl. Schadensersatz neben der Leistung → § 441 BGB
- **Schadensersatz statt Leistung** in Verbindung mit dem Rücktritt vom Vertrag (nur, wenn Verschulden vorliegt, nicht bei geringfügigen Mängeln) → §§ 280, 281, 440 BGB
- **Ersatz vergeblicher Aufwendungen** (nur wenn Verschulden vorliegt, nicht bei geringfügigen Mängeln) → § 284 BGB

2.6.3 Annahmeverzug

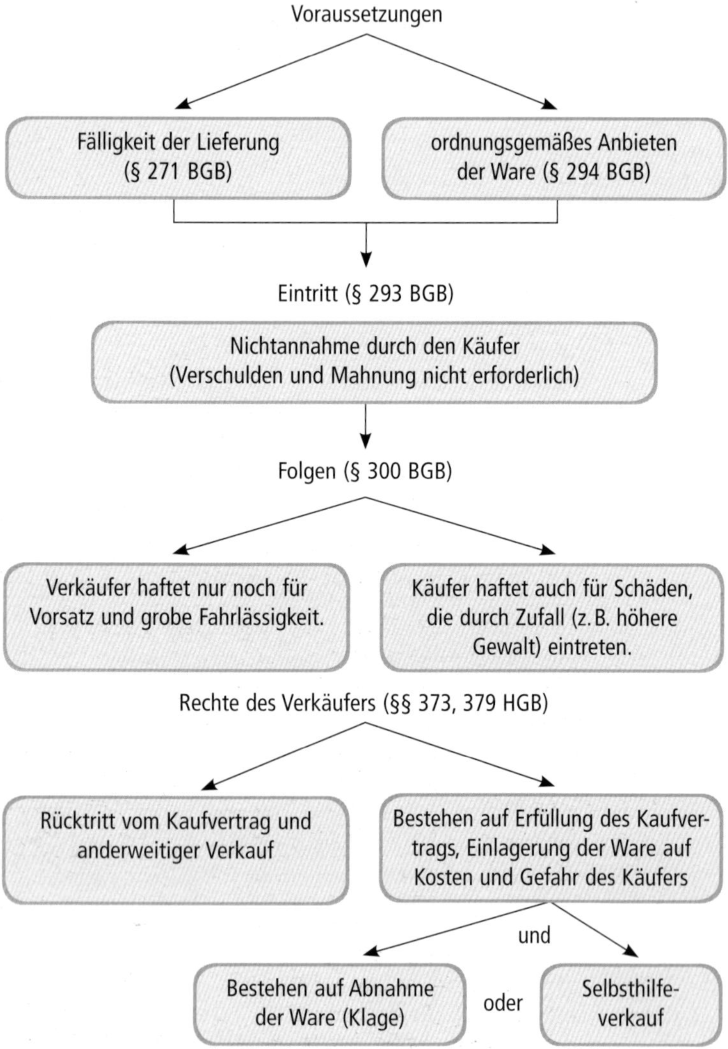

2.6.4 Zahlungsverzug („Nicht-Rechtzeitig-Zahlung")

Voraussetzungen des Zahlungsverzuges („Nicht-Rechtzeitig Zahlung")

Verschulden
Der säumige Zahler hat die Verzögerung verschuldet. Der säumige Zahler haftet für vorsätzliches und fahrlässiges Handeln, nicht für höhere Gewalt.

Fälligkeit
Die Zahlung muss fällig sein.

Mahnung
Der Verkäufer muss den säumigen Zahler nach Fälligkeit mahnen.

Die **Mahnung kann entfallen, wenn**

- 30 Tage nach Rechnungseingang vergangen sind (Privatpersonen müssen vorher darauf hingewiesen worden sein, z. B. im Kaufvertrag),
- der Schuldner die Zahlung verweigert,
- der Zahlungstermin kalendermäßig bestimmt ist,
- eine Selbstmahnung des Schuldners mit eigener Ankündigung des Zahlungstermins erfolgt.

Rechte des Gläubigers bei Zahlungsverzug („Nicht-Rechtzeitig-Zahlung")

ohne Nachfrist

Zahlung verlangen und evtl. Schadensersatz (Verzögerungsschaden, Verzugszinsen) → § 286 BGB

mit Nachfrist

Rücktritt vom Kaufvertrag (§ 323 BGB)

- kein Verschulden notwendig
- angemessene Nachfrist entbehrlich, wenn Schuldner die Zahlung verweigert oder der Zahlungstermin kalendermäßig genau bestimmt ist

Schadensersatz statt der Leistung (§ 281 BGB)

- angemessene Nachfrist entbehrlich, wenn Schuldner die Zahlung verweigert

2.7 Mahnverfahren

Außergerichtliches (= kaufmännisches) Mahnverfahren

Zweck:

Einzug von fälligen Forderungen ohne gerichtliche Maßnahmen

Verfahren:

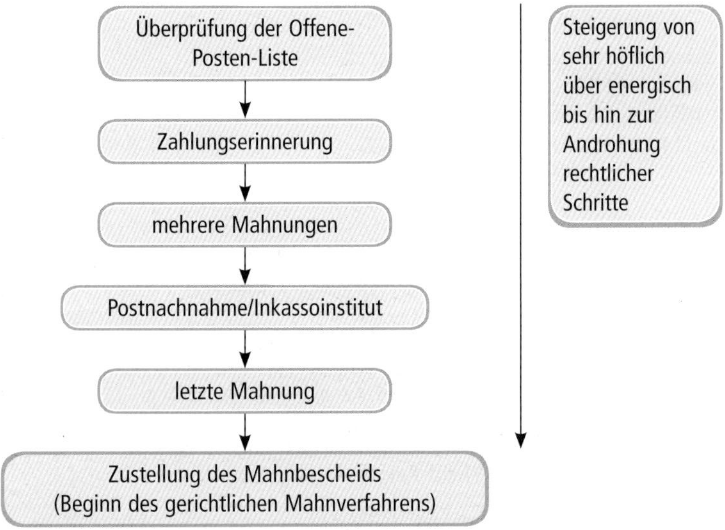

- Der Begriff **„Offene-Posten-Liste"** bezeichnet hier eine Liste mit allen gebuchten Ausgangsrechnungen für die noch kein Zahlungseingang gebucht wurde. Dadurch werden alle fälligen Zahlungen von Kunden sichtbar. Gleichermaßen existiert in jedem Unternehmen auch eine Offene-Posten-Liste für gebuchte, aber noch nicht bezahlte Eingangsrechnungen.
- Ein **Inkassoinstitut** ist ein Dienstleistungsunternehmen, das sich darauf spezialisiert hat, offene Forderungen von Gläubigern einzutreiben.

Gerichtliches Mahnverfahren

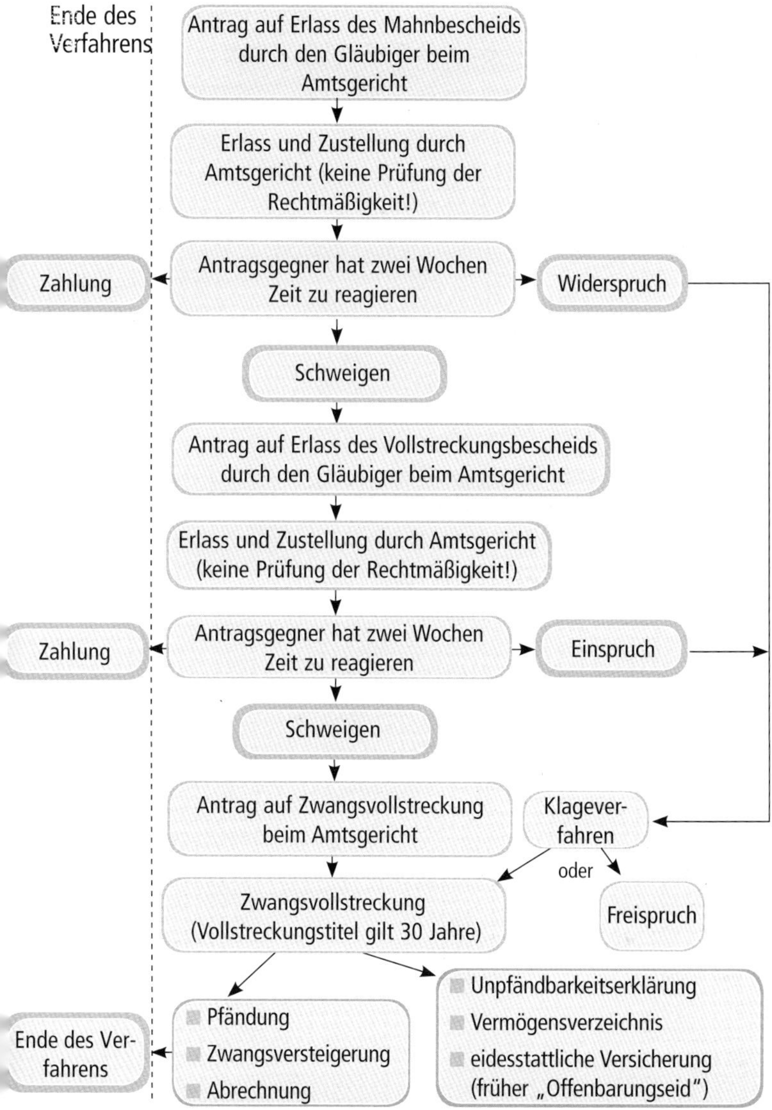

2.8 Verjährung

1 Jahr	2 Jahre	3 Jahre
Gewährleistungsfrist bei gebrauchten Sachen, falls verkürzte Verjährung vertraglich vereinbart wurde (z. B. bei Gebrauchtwagenkauf)	kauf- und werkvertragliche Gewährleistungsansprüche (z. B. bei Kauf eines neuen Fernsehers)	Regelverjährung für alle Fälle, in denen keine anderweitige Regelung vorliegt (z. B. Forderungen)
■ ab Übergabe der Sache an den Käufer bzw. ■ ab Abnahme des Werkes durch den Käufer	■ ab Übergabe der Sache an den Käufer bzw. ■ ab Abnahme des Werkes durch den Käufer	■ ab dem Schluss des Kalenderjahres, in dem der Anspruch entstanden ist und der Gläubiger Kenntnis von der Vertragsverletzung erlangte

5 Jahre	10 Jahre	30 Jahre
Gewährleistungsrechte aus Werkverträgen, die in der Erstellung eines Bauwerks (einschl. Planungs- und Überwachungsleistungen) bestehen (z. B. bei Baumängeln)	gilt bei: ■ Ansprüchen auf Übertragung des Eigentums an einem Grundstück ■ Ansprüchen auf Begründung, Übertragung oder Aufhebung eines Rechts an einem Grundstück	gilt bei: ■ rechtskräftig festgestellten Ansprüchen ■ Ansprüchen aus vollstreckbaren Vergleichen oder vollstreckbaren Urkunden ■ Ansprüchen, die im Rahmen eines Insolvenzverfahrens festgehalten worden sind ■ Familien- und erbrechtlichen Ansprüchen ■ Herausgabeansprüchen aus Eigentum
■ ab Abnahme des Werkes durch den Käufer	■ ab Fälligkeit des Anspruchs	■ ab Fälligkeit des Anspruchs

Hemmung der Verjährung

▸ Verlängerung der Verjährungsfrist um Zeitspanne der Hemmung

Mögliche Gründe für eine Hemmung

- **Rechtsverfolgung** (§ 204 BGB): Klage, Antrag auf Zustellung eines Mahnbescheids, Anspruchsmeldung im Insolvenzverfahren, Veranlassung eines Schlichtungsverfahrens, Beginn eines schiedsrichterlichen Verfahrens
- **Verhandlungen über den Anspruch** (§ 203 BGB)
- **Leistungsverweigerungsrecht** (§ 205 BGB): Leistungsverweigerung aufgrund einer Vereinbarung zwischen Gläubiger und Schuldner
- **höhere Gewalt** (§ 206 BGB): Hemmung, solange Gläubiger innerhalb der letzten sechs Monate der Verjährungsfrist durch höhere Gewalt an Rechtsverfolgung gehindert wird

Unterbrechung (Neubeginn) der Verjährung

Die Verjährungsfrist beginnt ab der Unterbrechung neu zu laufen.

Mögliche Gründe für eine Unterbrechung

- **Schuldanerkenntnis durch den Schuldner**, z. B. durch Teilzahlung, Zinszahlung, die Bitte um Stundung, Sicherheitsleistungen, Anerkennung von Mängelansprüchen durch Mängelbeseitigung (Nachbesserung)
- **Antrag oder Vornahme einer gerichtlichen oder behördlichen Vollstreckungshandlung**

2.9 Handelsregister, Kaufmannseigenschaft, Firma

Handelsregister

Das Handelsgesetzbuch (HGB) gilt nur für Kaufleute im Sinne des HGB. Die sind im **Handelsregister**, dem öffentlichen Verzeichnis aller Kaufleute nach HGB eines Amtsgerichtsbezirks, verzeichnet. Man unterscheidet im Handelsregister die Abteilung A, in der alle Einzelunternehmen und Personengesellschaften (z. B. OHG, KG, GmbH & Co. KG) stehen, und die Abteilung B, in die alle Kapitalgesellschaften (z. B. GmbH, AG) eingetragen werden.

Der Kaufmann nach HGB

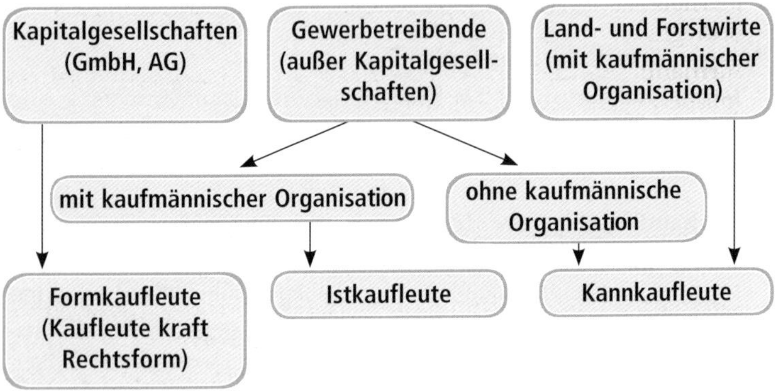

Für **Formkaufleute** ist die Eintragung ins Handelsregister **konstitutiv** (rechtsbegründend), d. h., die Kapitalgesellschaft entsteht erst durch die Eintragung ins Handelsregister.

Für **Istkaufleute** ist die Eintragung ins Handelsregister **deklaratorisch** (rechtsbekundend), d. h., die Rechtswirkung besteht schon vor dem Eintrag ins Handelsregister.

Kannkaufleute können sich ins Handelsregister eintragen lassen, müssen aber nicht. Wenn sie sich eintragen lassen, ist die Eintragung konstitutiv (rechtserzeugend) und sie werden durch die Eintragung Kaufleute im Sinne des HGB. Erfolgt keine Eintragung, bleibt der Kannkaufmann Nichtkaufmann und es gilt für ihn weiterhin das BGB.

Firma

▶ Als Firma bezeichnet man den Namen, unter dem der Kaufmann im Sinne des HGB seine Geschäfte betreibt (Handelsname).

Als **Firmenarten** unterscheidet man die **Personenfirma** (z. B. Hans Meier OHG), die **Sachfirma** (z. B. Software GmbH), die **Fantasiefirma** (z. B. Softy Creations KG) und die **Mischfirma** (z. B. Meier Software Creations GmbH).

Wer eine Firma führt, hat die folgenden **Firmengrundsätze** zu beachten:

- **Firmenöffentlichkeit:** Jeder Kaufmann muss seine Firma ins Handelsregister eintragen lassen.
- **Firmenbeständigkeit:** Die bisherige Firma kann z. B. auch bei Inhaberwechsel fortgeführt werden.
- **Firmenausschließlichkeit** (Unterscheidbarkeit): Die Unterscheidbarkeit von anderen Firmen muss bei Neugründungen beachtet werden.
- **Irreführungsverbot:** Der Firmenname darf nicht über geschäftliche Verhältnisse, die für die Geschäftspartner maßgeblich sind, täuschen.
- **Offenlegung der Haftungsverhältnisse:** wird durch Rechtsformzusatz und Eintragung ins Handelsregister gewährleistet.
- **Offenlegung der Gesellschaftsverhältnisse:** wird durch Rechtsformzusatz und Eintragung ins Handelsregister gewährleistet.

2.10 Rechtsformen der Unternehmen

Einzelunternehmen (Alleinunternehmer)	Gesellschaftsunternehmen		
	Kapitalgesellschaften	Personengesellschaften	Andere Gesellschaftsformen
	■ Gesellschaft mit beschränkter Haftung (GmbH) ■ Aktiengesellschaft (AG) ■ Kommanditgesellschaft auf Aktien (KGaA)	■ offene Handelsgesellschaft (OHG) ■ Kommanditgesellschaft (KG) GmbH & Co. KG	■ Genossenschaft (eG) ■ Versicherungsverein auf Gegenseitigkeit (VvaG) ■ Partnergesellschaft (PartGG) ■ unvollständige Gesellschaften wie die stille Gesellschaft oder die BGB-Gesellschaft

2.10.1 Einzelunternehmung (e. K.)

Gründung	erfolgt durch den Unternehmer selbst → Eintragung in das Handelsregister Abteilung A
Firma	Personen-, Sach-, Fantasie- oder Mischfirma mit dem zwingenden Zusatz „eingetragene/r Kaufmann/ eingetragene Kauffrau" oder „e. K.", „e. Kfm.", „e. Kfr."
Kapitalaufbringung	Eigenkapital wird von einer Person aufgebracht; über die Höhe gibt es keine Vorschriften.
Geschäftsführung (Innenverhältnis: Wer hat im Unternehmen das Sagen?)	Einzelgeschäftsführungsbefugnis des Einzelunternehmers
Vertretung (Außenverhältnis: Wer vertritt das Unternehmen nach außen?)	Einzelvertretungsbefugnis des Einzelunternehmers
Haftung	unbeschränkt, d. h., sie erstreckt sich auf das Privat- und Geschäftsvermögen des Unternehmers
Gewinn- und Verlustverteilung	steht alleine dem Einzelunternehmer zu bzw. muss alleine vom Einzelunternehmer getragen werden

2.10.2 Offene Handelsgesellschaft (OHG)

Gründung	■ Zusammenschluss von **mindestens zwei Gesellschaftern** ■ **Beginn der Gesellschaft** im Innenverhältnis durch den Gesellschaftsvertrag festgelegt, im Außenverhältnis, sobald Gesellschafter Geschäfte im Namen der OHG tätigt (spätestens mit Eintragung ins Handelsregister)
Firma	■ Es ist eine **Personen-, Sach-, Fantasie- oder Mischfirma** möglich. ■ zwingender Rechtsformzusatz: **„offene Handelsgesellschaft"** oder OHG, offene HG, oHG
Kapitalaufbringung	■ **durch die Gesellschafter** (Kapitalaufbringungspflicht) ■ **Es ist keine Mindesthöhe** der Einlage vorgeschrieben; Art und Höhe der Einlagen richten sich nach dem Gesellschaftsvertrag. ■ Falls keine Regelungen im Gesellschaftsvertrag stehen, müssen die Gesellschafter Beiträge in gleicher Höhe einbringen.

Haftung	Alle Gesellschafter haften: ■ **unmittelbar**: Jeder kann für die Verbindlichkeiten direkt in Anspruch genommen werden. ■ **unbeschränkt**: volle Haftung mit dem gesamten Vermögen (Geschäfts- und Privatvermögen) ■ **gesamtschuldnerisch**: Jeder steht für alle Geschäftsschulden ein.
Geschäftsführung (Innenverhältnis)	■ **Einzelgeschäftsführungsbefugnis für alle gewöhnlichen Geschäftshandlungen,** z.B. Wareneinkauf, -verkauf, Einstellung und Entlassung von Arbeitskräften ■ **Gesamtgeschäftsführungsbefugnis bei außergewöhnlichen Geschäftshandlungen**, z.B. Kauf oder Verkauf von Grundstücken ■ Geschäftsführungsbefugnis kann durch Gesellschaftsvertrag beschränkt und aufgehoben werden. ■ Bei Widerspruch eines geschäftsführenden Gesellschafters muss die Vornahme einer Handlung unterbleiben.
Vertretung (Außenverhältnis)	■ **Einzelvertretungsbefugnis** jedes Gesellschafters, sofern der Gesellschaftsvertrag nicht Gesamtvertretung aller Gesellschafter oder Einzel- bzw. Gesamtvertretung bestimmter Gesellschafter oder Einzelvertretung eines Gesellschafters mit dem Prokuristen vorsieht. ■ Umfang der Vertretungsmacht ist gegenüber Dritten **unbeschränkt und unbeschränkbar**, d.h., die Vertretungsmacht erstreckt sich auf **alle** Rechtsgeschäfte (gewöhnlich und außergewöhnlich).
Gewinn- und Verlustverteilung	Verteilung **nach Vereinbarung im Gesellschaftsvertrag,** sonst nach **HGB: 4 % Kapitalverzinsung, Rest nach Köpfen,** Verlustverteilung ebenso nach Köpfen

2.10.3 Kommanditgesellschaft (KG)

Gründung	■ Zusammenschluss von mindestens zwei Gesellschaftern, also **mindestens ein Komplementär (Vollhafter) und ein Kommanditist (Teilhafter)** ■ **Beginn der Gesellschaft** im Innenverhältnis durch den Gesellschaftsvertrag festgelegt, im Außenverhältnis, sobald Gesellschafter Geschäfte im Namen der KG tätigt (spätestens mit Eintragung ins Handelsregister)

Firma	■ Es ist eine **Personen-, Sach-, Fantasie- oder Mischfirma** möglich. ■ zwingender Rechtsformzusatz: **„Kommanditgesellschaft"** oder **KG**
Kapitalaufbringung	■ **durch die Gesellschafter** (Kapitalaufbringungspflicht) ■ **Es ist keine Mindesthöhe** der Einlage vorgeschrieben; Art und Höhe der Einlagen richten sich nach dem Gesellschaftsvertrag.
Haftung	Alle **Komplementäre** (Vollhafter) haften: ■ **unmittelbar**: Jeder kann für die Verbindlichkeiten direkt in Anspruch genommen werden. ■ **unbeschränkt**: volle Haftung mit dem gesamten Vermögen (Geschäfts- und Privatvermögen) ■ **gesamtschuldnerisch**: Jeder steht für alle Geschäftsschulden ein. Alle **Kommanditisten** (Teilhafter) haften nur mit ihrer Kapitaleinlage.
Geschäftsführung (Innenverhältnis)	■ Die **Geschäftsführungsbefugnis** wird von dem **Komplementär** bzw. den Komplementären (gemeinschaftlich wie bei der OHG) ausgeübt. ■ Die **Kommanditisten** sind von der Geschäftsführung ausgeschlossen.
Vertretung (Außenverhältnis)	■ Die **Vertretungsbefugnis** wird von dem **Komplementär** bzw. den Komplementären (gemeinschaftlich wie bei der OHG) ausgeübt. ■ Die **Kommanditisten** sind **von der Vertretung ausgeschlossen**.
Gewinn- und Verlustverteilung	■ nach **HGB: 4 % Kapitalverzinsung, Rest in angemessenem Verhältnis** ■ Verlustverteilung ebenso in angemessenem Verhältnis ■ genaue Regelung im Gesellschaftsvertrag notwendig, da das „angemessene Verhältnis" im HGB nicht genauer beschrieben ist

GmbH & Co. KG

Als Sonderform der KG kann die GmbH & Co. KG bezeichnet werden. Hier fungiert die GmbH als Komplementär (Vollhafter) der KG. Dadurch haftet kein Gesellschafter dieser Rechtsform mit seinem Privatvermögen, da ja die Kommanditisten nur Teilhafter sind.

2.10.4 Gesellschaft mit beschränkter Haftung (GmbH)

Gründung	■ mindestens ein Gründer (Ein-Mann-GmbH ist möglich) ■ GmbH entsteht erst durch die Eintragung ins Handelsregister.
Firma	■ Es ist eine **Personen-, Sach-, Fantasie- oder Mischfirma** möglich. ■ zwingender Rechtsformzusatz: **„Gesellschaft mit beschränkter Haftung"** oder GmbH
Kapitalaufbringung	■ **durch die Gesellschafter** (Kapitalaufbringungspflicht) ■ Stammkapital (gezeichnetes Kapital): mindestens 25 000,00 EUR ■ Stammeinlage einzelner Gesellschafter: mindestens 1,00 EUR ■ Sonderform der GmbH: haftungsbeschränkte Unternehmensgesellschaft („Mini-GmbH") – Sie kann bereits mit einem symbolischen Euro gegründet werden („Ein-Euro-GmbH"). – Die Gesellschaft darf ihre Gewinne so lange nicht voll ausschütten, bis das Mindeststammkapital von 25 000,00 EUR erreicht ist. Jedes Jahr muss mindestens ein Viertel des Gewinns zum Aufbau des Stammkapitals zurückgelegt werden.
Haftung	Alle Gesellschafter haften nur mit ihrer Einlage.
Organe	■ Geschäftsführer: – hat die Geschäftsführungsbefugnis und die Vertretungsmacht – bei mehr als 2 000 Arbeitnehmern (AN) zusätzlich ein Arbeitsdirektor ■ Aufsichtsrat (AR): – bei GmbH bis max. 500 AN: kein AR notwendig – bei GmbH von 501 bis 2 000 AN: AR (nach BetrVG) notwendig (Zusammensetzung: ⅔ Gesellschaftervertreter, ⅓ AN-Vertreter, Mindestmitgliederzahl: 3) – bei GmbH über 2 000 AN: AR (nach Mitbestimmungsgesetz) notwendig (Zusammensetzung ½ Gesellschaftervertreter, ½ AN-Vertreter, Mindestmitgliederzahl: 12, AR-Vorsitzender = Gesellschaftsvertreter mit zweiter Stimme in Pattsituationen) – Aufgaben, u. a.: Bestellung, Überwachung und Abrufung des Geschäftsführers

	■ Gesellschafterversammlung: – oberstes Organ mit erheblich mehr Rechten als vergleichbare HV bei AG – bestellt den Geschäftsführer (bei GmbH mit max. 500 AN) – zwingende Rechte der Gesellschafter: Satzungsänderungen, Auflösung – sonstige Rechte, sofern keine andere Regelung per Satzung getroffen ist: Feststellung Jahresabschluss und Gewinnverwendung, Bestellung von Prokuristen und allgemeinen Handlungsbevollmächtigten, Bestellung und Abberufung des Geschäftsführers (bei max. 500 AN, sonst durch AR)
Geschäftsführung (Innenverhältnis)	Der **Geschäftsführer**, der ein Gesellschafter sein kann (geschäftsführender Gesellschafter), aber nicht sein muss (angestellter Geschäftsführer), hat die **Einzelgeschäftsführungsbefugnis**.
Vertretung (Außenverhältnis)	Die **Vertretungsmacht** wird vom Geschäftsführer ausgeübt.
Gewinn- und Verlustverteilung	ist im Gesellschaftsvertrag zu regeln

2.10.5 Aktiengesellschaft (AG)

Gründung	■ mindestens ein Gründer ■ AG entsteht erst durch die Eintragung ins Handelsregister.
Firma	■ Es ist eine **Personen-, Sach-, Fantasie- oder Mischfirma** möglich. ■ zwingender Rechtsformzusatz: **„Aktiengesellschaft"** oder **AG**
Kapitalaufbringung	Der Mindestnennbetrag des Grundkapitals (in der Bilanz: „gezeichnetes Kapital") beträgt 50 000,00 EUR. Es setzt sich zusammen aus den Nennbeträgen der Aktien.
Haftung	Alle Aktionäre haften nur mit ihrer Einlage, also dem Wert ihrer Aktie.

Organe	▪ Vorstand (Leitungsorgan): – Leitung der Gesellschaft unter eigener Verantwortung – Berichterstattung an den Aufsichtsrat ▪ Aufsichtsrat (Überwachungsorgan): – Bestellung und Abberufung des Vorstandes – Überwachung des Vorstandes ▪ Hauptversammlung (Beschlussorgan): – Wahl der Aufsichtsratsmitglieder – Entlastung der Mitglieder des Aufsichtsrates und des Vorstandes – Entscheidung über die Verwendung des Bilanzgewinns – Beschlüsse über Satzungsänderungen, Fusionen, Auflösung und ähnlich elementare Fragen
Geschäftsführung (Innenverhältnis)	Der **Vorstand** führt die Geschäfte der Aktiengesellschaft.
Vertretung (Außenverhältnis)	Der **Vorstand** vertritt das Unternehmen nach außen.
Gewinn- und Verlustverteilung	Der **Vorstand macht Vorschlag** über Gewinnverwendung (z.B. Einbehaltung des Gewinns, um Investitionen zu tätigen, oder Ausschüttung in Form einer Dividende an die Aktionäre), die **Hauptversammlung beschließt**, wie der Gewinn verwendet wird.

Die Aktie

- Die Aktie ist eine Urkunde, in der die Mitgliedschaft in der AG verbrieft wird.
- Jede Aktie repräsentiert einen Bruchteil am Grundkapital.
- Der Nennwert einer Aktie ist der auf der Aktie vermerkte Wert. Er wird einmalig festgelegt und bleibt stabil. Der Mindestnennwert einer Aktie beträgt 1,00 EUR.
- Der Kurswert einer Aktie ist der an der Börse gehandelte Preis (Aktienkurs) und unterliegt ständigen Schwankungen.

2.11 Steuern und Versicherungen

▶ Steuern sind Zwangsabgaben, die vom Staat (im Gegensatz zu Gebühren) ohne direkte Gegenleistung erhoben werden. Sie dienen der Finanzierung von Staatsaufgaben.

Einteilung der Steuern nach

Steuergegenstand
(**Was** wird besteuert?)
- Besitzsteuern (z. B. Einkommensteuer, Körperschaftssteuer)
- Verkehrssteuern (z. B. Umsatzsteuer, Grunderwerbssteuer)
- Verbrauchssteuern (z. B. Tabaksteuer)

Steuerempfänger
(**Wer** erhält die Steuern?)
- Bundessteuern
- Landessteuern
- Gemeindesteuern
- EU-Steuern
- Kirchensteuer

Erhebungsart
(**Wie** werden die Steuern eingezogen?)
- indirekte Steuern (z. B. Umsatzsteuer, Mineralölsteuer)
- direkte Steuern (z. B. Einkommensteuer, Körperschaftssteuer, Gewerbesteuer)

Bei den Versicherungen muss zwischen den gesetzlichen Sozialversicherungen und den Individualversicherungen unterschieden werden.

Sozialversicherung		Individualversicherung
■ Pflichtversicherung ■ Solidaritätsprinzip	**Grundsatz**	■ freiwillige Versicherung ■ Individualprinzip
Arbeitnehmer	**versicherte Personen**	natürliche und juristische Personen
■ Krankheit (Krankenversicherung) ■ Arbeitsunfall (Unfallversicherung) ■ Arbeitslosigkeit (Arbeitslosenversicherung) ■ Altersvorsorge (Rentenversicherung) ■ Pflegebedürftigkeit (Pflegeversicherung)	**versicherte Risiken**	alle versicherbaren Risiken des Alltags: ■ Personenversicherungen (z. B. private Unfall-, Kranken- oder Lebensversicherung) ■ Sachversicherungen (z. B. Feuer- oder Sturmschadenversicherung) ■ Vermögensversicherungen (z. B. Haftpflicht- oder Rechtsschutzversicherung)

Sozialversicherung		Individualversicherung
richtet sich nach dem Einkommen des Versicherten (Ausnahme: Unfallversicherung)	**Beitragshöhe**	richtet sich nach Art und Höhe des versicherten Risikos
sind gesetzlich festgelegt	**Leistungen**	werden vertraglich vereinbart
staatliche Einrichtungen	**Träger**	private und öffentlich-rechtliche Versicherungsunternehmen

3 Menschliche Arbeit im Betrieb

siehe dazu auch Teil B, Kap. 6 Personalwirtschaft

3.1 Berufsausbildungsvertrag

Vertragspartner:

- Ausbildender und Auszubildender (bei Minderjährigen: gesetzlicher Vertreter)
- Eintragung in das Verzeichnis der Ausbildungsverhältnisse bei der zuständigen Kammer (z. B. IHK, HWK)

Inhalte nach § 4 Berufsbildungsgesetz (BBiG):

- Art, Gliederung und Ziel der Ausbildung
- Beginn und Dauer der Ausbildung
- Ausbildungsmaßnahmen außerhalb der Arbeitsstätte
- Dauer der täglichen Arbeitszeit
- Probezeit (ein bis maximal vier Monate → § 20 BBiG)
- Höhe der Ausbildungsvergütung
- Anzahl der Urlaubstage

Rechte des Auszubildenden = Pflichten des Ausbilders	Pflichten des Auszubildenden = Rechte des Ausbilders
▪ Ausbildung gemäß Ausbildungsziel ▪ Vergütung ▪ Gewährung von Urlaub ▪ Fürsorgepflicht ▪ Freistellung von der Berufsschule ▪ Ausstellung eines Ausbildungszeugnisses ▪ Bereitstellung von Ausbildungs- und Prüfungsmitteln	▪ Dienstleistungspflicht (Weisungen sind zu befolgen und sorgfältig auszuführen) ▪ Lernpflicht ▪ Berufsschulbesuch ▪ Schweigepflicht über Betriebsgeheimnisse ▪ Führen eines Berichtsheftes

3.2 Arbeitsvertrag

▶ Der Arbeitsvertrag ist ein Dienstvertrag (→ § 611 BGB), durch den sich ein Arbeitnehmer gegenüber seinem Arbeitgeber zur entgeltlichen Arbeitsleistung verpflichtet.

Inhalte:

- Name und Anschrift der Vertragsparteien
- Beginn und evtl. Dauer des Arbeitsverhältnisses
- Arbeitsort
- Bezeichnung der Tätigkeit
- Höhe des Arbeitsentgeltes
- Arbeitszeit
- Anzahl der Urlaubstage
- Kündigungsfristen
- Hinweise auf Tarifverträge bzw. Betriebsvereinbarungen

Pflichten des Arbeitnehmers = Rechte des Arbeitgebers	Rechte des Arbeitnehmers = Pflichten des Arbeitgebers
■ Dienstleistungspflicht (Erfüllung der Leistungen aus dem Arbeitsvertrag) ■ Treuepflicht (Wahrung der Betriebsgeheimnisse, Unterstützung der Unternehmensziele) ■ Wettbewerbsverbot (keine Konkurrenz für eigenen Arbeitgeber)	■ Entgeltzahlung ■ Gewährung von Urlaub ■ Fürsorgepflicht ■ Ausstellen eines Zeugnisses

3.3 Tarifrecht

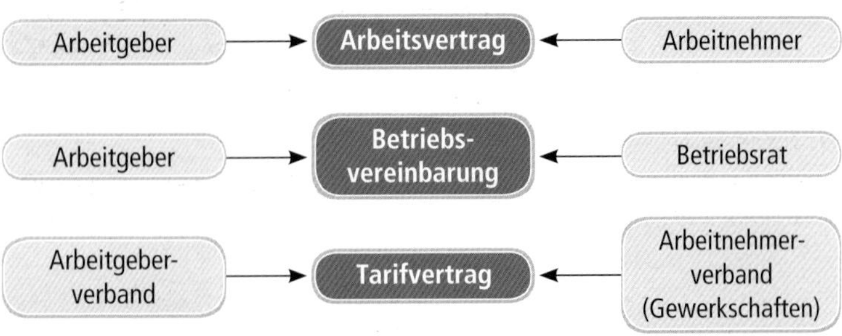

Tarifvertrag

- Kollektivvereinbarungen für ganze Berufsgruppe einer Branche

Lohn- und Gehaltstarifverträge

- Regelungen bezüglich des Arbeitsentgelts
- meist kurze Laufzeit (maximal zwei Jahre)

Manteltarifverträge

- regeln allgemeine Arbeitsbedingungen (z.B. über die Arbeitszeit, Anzahl der Urlaubstage u. Ä.)
- haben i.d.R. eine längere Laufzeit von mehreren Jahren

Koalitionsfreiheit

Das Grundgesetz (Art. 9) garantiert Arbeitgebern und Arbeitnehmern, sich in Interessenverbänden zusammenzuschließen.

Tarifautonomie

Die Tarifparteien (Arbeitgeberverband und Gewerkschaft) entscheiden bei dem Abschluss eines Tarifvertrages autonom, d.h. eine Einmischung von außen seitens der Politik ist untersagt.

Tarifbindung

Die im Tarifvertrag getroffenen Regelungen gelten als Mindestbedingungen für Arbeitsverträge und Betriebsvereinbarungen.

Allgemeinverbindlichkeitserklärung

Der Tarifvertrag gilt für alle Arbeitgeber und Arbeitnehmer seines Geltungsbereiches, also auch für Nichtmitglieder, wenn er vom Bundesarbeitsminister auf Antrag einer Tarifvertragspartei für allgemein verbindlich erklärt wurde.

Friedenspflicht

Während der Laufzeit eines Tarifvertrages sind keine Arbeitskampfmaßnahmen erlaubt.

Ablauf der Tarifverhandlungen

Kommt es zwischen den Tarifparteien zu keiner Einigung, kann entweder ein Schlichter eingeschaltet werden, der ein Schlichtungsverfahren moderiert, oder es kommt zu Arbeitskampfmaßnahmen (Streik, Aussperrung).

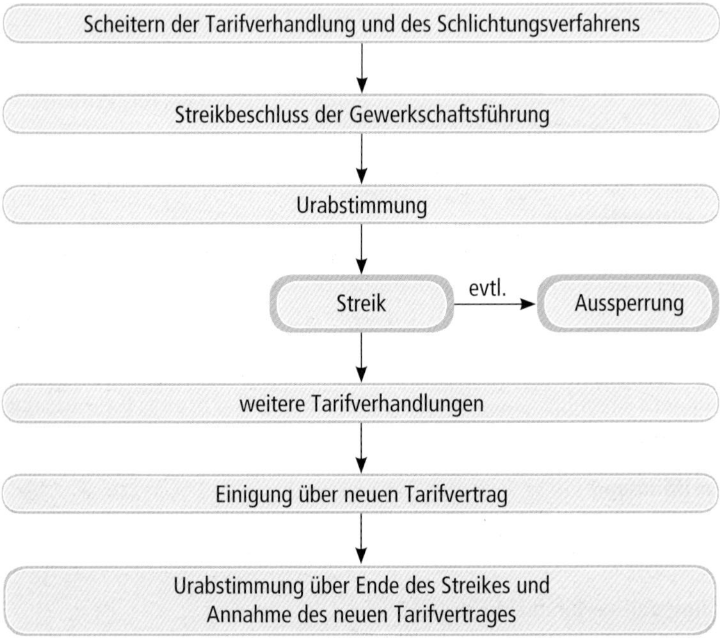

▶ Die **Schlichtung** ist ein Verfahren zur Verhinderung bzw. Beilegung von Streitigkeiten, ohne dass es zu Arbeitskampfmaßnahmen kommt. Das Schlichtungsverfahren endet mit dem Einigungsvorschlag des Schlichters (Schiedsspruch). Dieser kann, muss aber nicht akzeptiert werden.

▶ Der **Streik** ist eine planmäßig durchgeführte, vorübergehende Arbeitsniederlegung einer größeren Zahl von Arbeitnehmern mit dem Ziel, die eigenen Forderungen in den Tarifverhandlungen durchzusetzen. Voraussetzung für einen Streik ist es, dass in einer **Urabstimmung** mindestens 75 % der abstimmungsberechtigten Gewerkschaftsmitglieder einem Streik zustimmen.

▶ Die **Aussperrung** ist das Gegenmittel der Arbeitgeber gegen einen Streik. Hier werden die Arbeitsverhältnisse einer größeren Zahl von streikenden Arbeitnehmern aufgehoben. Für diese Zeit entfällt die Lohnzahlungspflicht.

3.4 Arbeitsschutzbestimmungen

3.4.1 Jugendarbeitsschutzgesetz

Geltungsbereich: alle Personen, die noch nicht 18 Jahre alt sind. Ab Volljährigkeit gilt das Jugendarbeitsschutzgesetz (JArbSchG) (auch für Auszubildende) nicht mehr!

Ziel: Schutz der Jugendlichen (unter 18 Jahren) vor gefährlichen Arbeiten

Überwachung: Gewerbeaufsichtsämter, Jugendvertreter, Betriebsrat

Regelungen

Verbot von Kinderarbeit	Für Kinder (Personen unter 15 Jahren) ist die Beschäftigung verboten.
Ärztliche Untersuchung → §§ 32, 33 JArbSchG	▪ Bescheinigung über Erstuntersuchung ▪ Nachuntersuchung (nach einem Jahr)
Frühester Arbeitsbeginn	▪ normalerweise: 06:00 Uhr ▪ Ausnahmen (Bäcker): – ab 16 Jahre: 05:00 Uhr – ab 17 Jahre: 04:00 Uhr
Spätestes Arbeitsende	▪ normalerweise: 20:00 Uhr ▪ Ausnahmen: – Gaststätten: 22:00 Uhr – Mehrschichtbetriebe: 23:00 Uhr
Wochenarbeitszeit → §§ 8, 15 JArbSchG	▪ Fünftagewoche ▪ 40 Stunden ▪ täglich 8 Stunden, bei früherem Arbeitsschluss an anderen Tagen (z. B. Freitag) auch 8,5 Stunden

Freizeit und Pausen → § 11 JArbSchG	■ 12 Stunden ununterbrochene Freizeit (keine Ausnahmen!) ■ Pausen: – 30 Minuten (bei 4, 5–6 Stunden Arbeit) – 60 Minuten (bei mehr als 6 Stunden Arbeit)
Höchstschichtzeit	■ grundsätzlich: 10 Stunden ■ Ausnahmen: – Bergbau: 8 Stunden – Landwirtschaft, Bau, Montage: 11 Stunden
Urlaub → § 19 JArbSchG	■ 15-Jährige: mindestens 30 Tage Urlaub (Ausnahme Bergbau: 33 Tage) ■ 16-Jährige: mindestens 27 Tage Urlaub (Bergbau: 30 Tage) ■ 17-Jährige: mindestens 25 Tage Urlaub (Bergbau: 28 Tage)
Verbote → §§ 16, 17, 22–24 JArbSchG	■ Samstagsarbeit (Ausnahmen: Einzelhandel, Friseure, Bäcker, Krankenhäuser, Gaststätten etc.) ■ Sonntagsarbeit (Ausnahmen: Krankenhäuser, Gaststätten) ■ Akkordarbeit ■ Nachtarbeit ■ gefährliche Arbeiten
Berufsschule, Prüfungen	■ Freistellung von der Arbeit zum Zwecke des regelmäßigen Besuchs der Berufsschule ■ Anrechnung auf Arbeitszeit ■ Beschäftigungsverbot an **einem Tag** in der Woche bei Berufsschulunterricht von mehr als 5 Stunden ■ Freistellung für Berufsabschlussprüfungen (bei Einzelhandelskaufleuten für die IHK-Prüfungen) ■ ein freier Tag unmittelbar vor der Berufsabschlussprüfung

3.4.2 Kündigungsschutzgesetz

Grundsätzlich gilt für alle Kündigungen:

- Kündigungen bedürfen der **Schriftform** (→ § 623 BGB).
- Vor jeder Kündigung ist der **Betriebsrat zu hören**, ansonsten ist die Kündigung unwirksam (BetrVG).

Ordentliche (= fristgerechte) Kündigung

Die gesetzlichen Kündigungsfristen sind als Mindestregelungen zu verstehen. Durch Tarifvertrag oder im Arbeitsvertrag kann eine längere Kündigungsfrist vereinbart werden (→ § 622 Abs. 4 und 5 BGB).

Gesetzliche Kündigungsfristen (§ 622 BGB)

- Grundkündigungsfrist für Angestellte und Arbeiter:
  vier Wochen zum **15. eines Monats** oder zum **Monatsende**
- verlängerte Kündigungsfristen (§ 622 (2) BGB)
  Die verlängerten Kündigungsfristen gelten **nur bei Kündigungen durch den Arbeitgeber.** Aufgrund eines Urteils des Europäischen Gerichtshofs sind auch Zeiten vor dem 25. Lebensjahr auf die Betriebszugehörigkeit anzurechnen.
  Die verlängerten Kündigungsfristen betragen:
  - **einen Monat** zum Ende des Kalendermonats, wenn das **Arbeitsverhältnis** mindestens **zwei Jahre** bestanden hat
  - **zwei Monate** zum Ende des Kalendermonats, wenn das **Arbeitsverhältnis** mindestens **fünf Jahre** bestanden hat
  - **drei Monate** zum Ende des Kalendermonats, wenn das **Arbeitsverhältnis** mindestens **acht Jahre** bestanden hat
  - **vier Monate** zum Ende des Kalendermonats, wenn das **Arbeitsverhältnis** mindestens **zehn Jahre** bestanden hat
  - **fünf Monate** zum Ende des Kalendermonats, wenn das **Arbeitsverhältnis** mindestens **zwölf Jahre** bestanden hat
  - **sechs Monate** zum Ende des Kalendermonats, wenn das **Arbeitsverhältnis** mindestens **15 Jahre** bestanden hat
  - **sieben Monate** zum Ende des Kalendermonats, wenn das **Arbeitsverhältnis** mindestens **20 Jahre** bestanden hat

Kündigungsfrist bei Kleinbetrieben

Für Betriebe mit nicht mehr als 20 Vollzeitbeschäftigten (ohne Auszubildende) kann einzelvertraglich eine Grundkündigungsfrist von vier Wochen zu jedem Zeitpunkt vereinbart werden.

Kündigungsfrist bei Aushilfsverträgen

Mit diesen Mitarbeitern kann eine beliebige Frist für die beiderseitige Kündigung vereinbart werden (§ 622 Abs. 5 Nr. 1 BGB). Voraussetzung ist, dass das Arbeitsverhältnis auf höchstens drei Monate begrenzt ist. Besteht das Aushilfsarbeitsverhältnis länger als drei Monate, gelten die gesetzlichen Kündigungsfristen.

Kündigungsfrist in der Probezeit

- Arbeitsverträge:
  Kündigungsfrist: zwei Wochen (→ § 622 Abs. 3 BGB); Probezeit: maximal sechs Monate
- Ausbildungsverhältnisse:
  keine Kündigungsfrist; Probezeit: maximal vier Monate (→ § 20 BBiG)

Der letzte Tag der Probezeit gilt als Stichtag für den Zugang der Kündigung. Die Kündigung kann ohne Angabe von Gründen erfolgen.

Außerordentliche Kündigung

Voraussetzung (§ 626 BGB): Ein wichtiger Grund liegt vor, d.h. schwerwiegender Verstoß gegen die Hauptpflichten aus dem Arbeitsvertrag, mit der Folge, dass die Fortsetzung des Arbeitsverhältnisses unzumutbar ist.

Beispiele: *grobe Beleidigung, Diebstahl, Betrug, Verrat von Betriebsgeheimnissen, Tätlichkeit, ausbleibendes Arbeitsentgelt, fehlende Arbeitsschutzmaßnahmen, sexuelle Belästigung*

Je nach Kündigungsgrund ist für die außerordentliche Kündigung aber evtl. eine vorherige Abmahnung notwendig, um einer Überprüfung vor dem Arbeitsgericht standzuhalten. Dies wäre beispielsweise der Fall bei einer Kündigung wegen häufiger Unpünktlichkeit, der Weigerung, Arbeitsschutzvorschriften zu beachten, der Weigerung, die vertraglich übernommene Arbeit zu erbringen u.Ä.

Die Kündigung muss spätestens zwei Wochen nach Bekanntwerden des wichtigen Grundes erfolgen. Der Kündigungsgrund kann also nicht für eine spätere Kündigung „aufgespart" werden.

Das Kündigungsschutzgesetz (KSchG)

- schützt die Arbeitnehmer vor ungerechtfertigten Kündigungen und Willkür der Arbeitgeber
- greift nur bei ordentlichen Kündigungen, nicht bei außerordentlichen Kündigungen
- unterscheidet zwischen dem allgemeinen Kündigungsschutz und dem besonderen Kündigungsschutz
- gilt erst ab einer Beschäftigungsdauer von mehr als sechs Monaten

- wird nicht bei Kleinbetrieben mit bis zu zehn vollzeitbeschäftigten Arbeitnehmern (ohne Auszubildende) angewandt

Allgemeiner Kündigungsschutz

Nach dem Kündigungsschutzgesetz (KSchG) muss jede Kündigung **sozial gerechtfertigt** sein, d. h., es muss **entweder**

- ein Grund in der **Person** oder im **Verhalten** des Arbeitnehmers vorliegen (z. B.: unzureichende Arbeitsleistung, Weigerung, gesetzlich erlaubte und zumutbare Mehrarbeit zu leisten, Verletzung der Anzeige- und Nachweispflichten im Krankheitsfall, unerlaubter Alkoholgenuss während der Arbeitszeit, häufige Krankheiten; je nach Sachlage ist evtl. eine vorherige **Abmahnung** erforderlich!)

oder

- es müssen **dringende betriebliche Erfordernisse** (z. B. Auftragsmangel) gegeben **und soziale Gesichtspunkte** (Betriebszugehörigkeit, Alter, Unterhaltspflichten) ausreichend berücksichtigt worden sein (Arbeitgeber kann bei Sozialauswahl Arbeitnehmer weglassen, die wegen ihrer Kenntnisse und Leistungen für das Unternehmen besonders wichtig sind)

und

- die Beschäftigung an einem anderen Arbeitsplatz darf nicht möglich sein

und

- der Betriebsrat darf der Kündigung nicht schriftlich widersprochen haben.

Besonderer Kündigungsschutz

Besonderes Kündigungsschutz gilt für folgende Personengruppen:

- Betriebsräte, Jugend- und Auszubildendenvertreter (Zustimmung des Betriebsrats erforderlich, ersatzweise Arbeitsgericht)
- Behinderte (Zustimmung der Hauptfürsorgestelle erforderlich)
- Schwangere: während der Schwangerschaft und vier Monate nach der Geburt unkündbar
- Personen in der Elternzeit: unkündbar
- Auszubildende: nach der Probezeit unkündbar

3.4.3 Mutterschutzgesetz

Beschäftigungsverbot

- sechs Wochen vor bis acht Wochen nach der Entbindung
- Beschäftigungsverbot bei Gefahr für Mutter und Kind

Kündigungsschutz

- während der Schwangerschaft bis vier Monate nach der Entbindung
- während der Elternzeit (bis zu drei Jahre einschließlich der Mutterschutzfrist)

Sonstige Verbote

- schwere körperliche Arbeiten
- Fließbandarbeit
- Akkordarbeit
- Nacht-, Sonn- und Feiertagsarbeit

3.4.4 Arbeitsschutzgesetz und Arbeitszeitgesetz

- Arbeitszeit maximal zehn Stunden pro Tag

  Das Arbeitsschutzgesetz (ArbSchG) erlaubt acht Stunden. Diese können aber auch verlängert werden, wenn innerhalb von sechs Kalendermonaten im Durchschnitt acht Stunden pro Werktag nicht überschritten werden. Verlängerungen sind laut Arbeitszeitgesetz (ArbZG) nur mit schriftlicher Zustimmung des Arbeitnehmers möglich (→ § 3 ArbZG).
- ausreichende Pausenzeiten (→ § 4 ArbZG)
  - bei sechs bis neun Stunden Arbeitszeit: mindestens 30 Minuten Pause
  - bei mehr als neun Stunden Arbeitszeit: mindestens 45 Minuten Pause
  - Pausen dürfen nicht am Anfang oder am Ende der Arbeitszeit liegen, sondern müssen die Tätigkeit unterbrechen.
- Ruhezeiten von mindestens zehn Stunden zwischen den Diensten (→ § 5 ArbZG)
- Nachtarbeitszeit maximal zehn Stunden (→ § 6 ArbZG)

3.5 Mitwirkung und Mitbestimmung der Arbeitnehmer

Betriebsverfassungsgesetz (BetrVG)

Das BetrVG beinhaltet die wichtigsten Regelungen zur Mitwirkung und Mitbestimmung der Arbeitnehmer.

Betriebsrat

▶ Vertretung der Arbeitnehmer gegenüber dem Arbeitgeber

Jugend- und Auszubildendenvertretung

▶ Vertretung der Belange der Jugendlichen und Auszubildenden (§§ 60 ff. Betr VG)

Betriebsversammlung

▶ Versammlung aller Arbeitnehmer eines Betriebes. Sie ist vom Betriebsrat einzuberufen und wird vom Betriebsratsvorsitzenden geleitet. Auch der Arbeitgeber hat ein Teilnahme- und Rederecht.

Betriebsausschuss

▶ Der Betriebsausschuss ist die Geschäftsführung des Betriebsrats und wird gebildet, wenn der Betriebsrat mindestens neun Mitglieder umfasst (§ 27 Betr VG).

Betriebsvereinbarung

▶ Vereinbarung auf betrieblicher Ebene zwischen Arbeitgeber und Betriebsrat

Einigungsstelle

▶ Stelle zur Beilegung von Meinungsverschiedenheiten zwischen Arbeitgeber und Betriebsrat (§ 76 Betr VG)

Rechte des Betriebsrates

- **Informationsrecht:** Der Betriebsrat hat das Recht, über die wirtschaftliche Lage des Betriebes, die Personalplanung sowie geplante betriebliche Veränderungen (z. B. Betriebsstilllegungen, Betriebsverlagerungen, Zusammenschlüsse oder Rationalisierungsmaßnahmen) rechtzeitig informiert zu werden.

- **Mitwirkungsrecht:** Der Betriebsrat kann unter bestimmten Voraussetzungen die Zustimmung bei bestimmten personellen Einzelmaßnahmen (z. B. Einstellung, Kündigung, Versetzung, Eingruppierung) verweigern bzw. Widerspruch einlegen. Bei Nichteinigung zwischen Betriebsrat und Unternehmensleitung entscheidet das Arbeitsgericht.
- **Mitbestimmungsrecht:** Bei einer Reihe von Maßnahmen (z.B. sozialen Angelegenheiten wie Betriebsordnung, Arbeitszeiten, Pausenregelungen, Urlaubsplan u.Ä., betrieblichen Bildungsmaßnahmen, Personalfragebögen und Beurteilungsgrundsätzen, Sozialplan bei geplanten Betriebsänderungen) ist die Zustimmung des Betriebsrates notwendig. Der Betriebsrat ist hier gleichberechtigt mit der Unternehmensleitung.

3.6 Handlungsvollmacht und Prokura

Handlungsvollmacht (→ § 54 HGB)

- Zeichnungsberechtigung für alle gewöhnlichen Rechtshandlungen eines Handelsgewerbes
- Erteilung durch Kaufleute im Sinne des HGB, Nichtkaufleute oder Prokuristen, mündlich, schriftlich oder stillschweigend
- kein Eintrag ins Handelsregister
- Zeichnung mit i.A. (Einzelvollmacht oder Artvollmacht) und i.V. (Artvollmacht oder Gesamtvollmacht)
- Beendigung durch Auflösung des Arbeitsvertrages, Widerruf der Vollmacht, Geschäftsauflösung
- Arten:

Allgemeine Handlungsvollmacht (Gesamtvollmacht)	Artvollmacht	Einzelvollmacht
Vollmacht für alle gewöhnlichen Rechtshandlungen der Branche	Vollmacht für bestimmte Arten wiederkehrender, gewöhnlicher Rechtsgeschäfte (z. B. Einkäufer, Verkäufer, Buchhalter)	Vollmacht für ein einzelnes Rechtsgeschäft (z. B. Vollmacht, einmalig Geld auf der Bank abzuheben)

Prokura (→ § 48 ff. HGB)

- Zeichnungsberechtigung für alle gewöhnlichen und außergewöhnlichen Rechtshandlungen eines Unternehmens (Ausnahmen: Aufnahme neuer Gesellschafter, Auflösen der Gesellschaft, Unterzeichnung von Bilanz und Steuererklärung → nur durch Geschäftsinhaber)
- Einschränkungen der Prokura gegenüber Dritten sind grundsätzlich nicht möglich.
- Erteilung nur durch Kaufleute im Sinne des HGB, mündlich oder schriftlich mittels ausdrücklicher Erklärung
- Eintragung ins Handelsregister ist notwendig (deklaratorische Wirkung).
- Zeichnung mit ppa = „per procura"
- Beendigung durch Auflösung des Arbeitsvertrages, Widerruf der Vollmacht, Geschäftsauflösung, allerdings nicht bei Tod des Geschäftsinhabers
- Arten:

Einzelprokura	Gesamtprokura	Filialprokura
Der Prokurist ist alleine vertretungsberechtigt.	gemeinsame Vertretung von mehreren Prokuristen	Die Prokura ist auf eine Filiale oder einen abgegrenzten Bereich des Unternehmens begrenzt.

3.7 Sozialversicherungen

siehe dazu auch Teil B, Kap. 6.6 Gehaltsabrechnung

Versicherungsart	Träger	Leistungsfall	Leistungen
Krankenversicherung	Krankenkassen	Schwangerschaft, Krankheit	ärztliche und zahnärztliche Behandlung, Krankengeld, Rehabilitation, Arzneimittel, Mutterschaftsgeld, stationäre Behandlung (Krankenhaus)
Pflegeversicherung	Pflegekasse der jeweiligen Krankenkasse	Pflegebedürftigkeit (Pflegestufen I–III)	Pflegegeld, stationäre Pflege

Versicherungsart	Träger	Leistungsfall	Leistungen
Unfall-versicherung	Berufsgenossenschaft, Gemeindeunfall-versicherungsverbände	Arbeitsunfall, Wegeunfall, Berufserkrankung	Arbeitsschutzmaßnahmen, Rehabilitation, Berufsunfähigkeitsrenten, Witwen- und Waisenrente
Arbeitslosen-versicherung	Arbeitsagentur	Berufslosigkeit, Arbeitslosigkeit	Berufsberatung, Arbeitsvermittlung, Insolvenzausfallgeld, Kurzarbeitergeld, Arbeitslosengeld I und II
Renten-versicherung	Deutsche Rentenversicherung	Alter, Erwerbs-unfähigkeit	Altersrente, Witwen- und Waisenrente

Alle Sozialversicherungen mit Ausnahme der Unfallversicherung werden von Arbeitgeber und Arbeitnehmer zu je 50 % getragen. Die Unfallversicherung trägt der Betrieb allein. Bei der gesetzlichen Krankenversicherung und der gesetzlichen Pflegeversicherung gibt es einige Sonderregelungen zu beachten. Die genaue Berechnung der Sozialversicherungsbeiträge entnehmen Sie bitte dem Kapitel 6.6 in Teil B.

4 Arbeitssicherheit und Umweltschutz

4.1 Sicherheit und Gesundheitsschutz bei der Arbeit

Arbeitsschutz

▶ Bestimmungen, Vorschriften, Maßnahmen, welche dem Schutz der Arbeitskraft dienen

Der arbeitende Mensch ist bestimmten Gefahren ausgesetzt. Diese liegen in den

- **Arbeitsbedingungen,** denen der Mensch unterworfen ist (Monotonie, einseitige Belastung, Körperhaltung, Arbeitstempo),
- **Umgebungsbedingungen** (Lärm, Licht, Staub, Öl, Gase),

- **technischen Betriebseinrichtungen** (z. B. Förderband, Gabelstapler, Werkzeuge),
- **persönlichen Bedingungen** (Alter, Unerfahrenheit, gesundheitlicher Zustand, familiäre Belastung, Schwangerschaft, Müdigkeit).

Die aus dem Arbeitsvertrag resultierende Fürsorgepflicht des Arbeitgebers ist die umfassendste Rechtsgrundlage für eine risikomindernde Gestaltung des Arbeitsplatzes, der Arbeitsstätte und der Umgebung.

Gewerbeordnung

Nach § 120 GewO ist der Arbeitgeber verpflichtet, Arbeitsräume, Betriebsvorrichtungen, Maschinen und Gerätschaften so zu unterhalten und den Betriebsablauf so zu regeln, dass der Arbeitnehmer weitestgehend geschützt ist. Für genügend Licht, Luft und Abfallbeseitigung ist zu sorgen.

§ 62 HGB enthält eine ähnliche Bestimmung zum Schutz des kaufmännischen Angestellten. Auch aus dem JArbSchG (§ 28) ergeben sich entsprechende Pflichten des Arbeitgebers.

Arbeitsstättenverordnung

Sie verfeinert die allgemein gehaltenen Bestimmungen der Gewerbeordnung und enthält Vorschriften über die Beschaffenheit von Arbeitsplätzen und -räumen, über Beleuchtung, Temperatur, Anforderungen an sanitäre Einrichtungen u. Ä., z. B:.

- Temperatur in Büroräumen: 20 °C
- Temperatur in Verkaufsräumen: 19 °C
- Lärmpegel: höchstens 70 dB (A)
- Fußböden: eben und rutschhemmend
- Flächenbedarf für Büro-Arbeitsplatz: 8–10 m^2
- Beleuchtungsstärke: etwa 800 Lux

Die **Gewerbeaufsichtsämter** kontrollieren die Einhaltung der gesetzlichen Vorschriften über den sozialen Arbeitsschutz und die technischen Einrichtungen.

Unfallverhütungsvorschriften

- werden von den **Berufsgenossenschaften** erlassen,
- über **technische Aufsichtsbeamte** der Berufsgenossenschaften kontrolliert,

- branchenunabhängig ausgelegt und
- sind vom Unternehmer an geeigneter Stelle im Betrieb auszulegen oder auszuhängen.

Maßnahmen zur Unfallverhütung

- Den größten Beitrag zur Unfallverhütung bringt die **Beachtung der Vorschriften** zum Arbeitsschutz und der Unfallverhütung.
- Weiterbildung von einem bzw. mehreren Mitarbeitern zur **Fachkraft für Arbeitssicherheit**
- Bestellung eines **Sicherheitsbeauftragten** durch den Arbeitgeber
- Betriebsärzte und staatliche Landesgewerbeärzte beraten die Betriebe bei der Verbesserung der Gesundheitsvorsorge **(Gewerbehygiene)**.
- Einstellung eines **Betriebsarztes** (ab einer bestimmten Unternehmensgröße):
  - erste Anlaufstelle für Unfälle/Erkrankungen im Zusammenhang mit der Arbeit
  - kein behandelnder Arzt
- Erstellung eines **Infoblattes mit allen wichtigen Daten** (nächster Verbandkasten, nächstes Krankenzimmer, Telefonnummer für Betriebsarzt, Pförtner [Anfahrt Krankenwagen], Fachkraft für Arbeitssicherheit). Dieses Blatt wird für jede Abteilung gesondert erstellt, an alle Mitarbeiter ausgegeben und ausgehändigt.

Brandverhütungsvorschriften

- Im Rahmen von **Baugenehmigungsverfahren** wird sichergestellt, dass der Feuerwehr im Brandfall ein sicheres Arbeiten möglich ist.
- Arbeitsstätten sind mit entsprechenden **Brandschutzeinrichtungen** zu versehen:
  - Rauchmelder
  - amtlich geprüfte und zugelassene Feuerlöschgeräte
  - frei zugängliche Notausgänge
- besondere gesetzliche Regelungen für gefährdete Bereiche wie z. B. Betriebssicherheitsverordnung (BetrSichV), Garagenverordnung u. Ä.

4.2 Umweltschutz

Prinzipien des Umweltschutzes

- **Vorsorgeprinzip:** Abfallvermeidung vor Abfallbeseitigung
- **Verursacherprinzip:** Verursacher der Umweltbelastung haftet für die entstehenden Kosten.
- **Gemeinlastprinzip:** Wenn der Verursacher der Umweltbelastung nicht zu ermitteln ist, haftet die Allgemeinheit.
- **Zukunftsprinzip:** Erschließung umweltverträglicher Wachstumsmöglichkeiten

Kreislaufwirtschaftsgesetz

- **Zweck des Gesetzes** (§ 1): Förderung der Kreislaufwirtschaft zur Schonung der natürlichen Ressourcen und Sicherung der umweltverträglichen Beseitigung von Abfällen
- **Geltungsbereich** (§ 2): Vermeidung, Verwertung und Beseitigung von Abfällen
- **Grundsätze der Abfallvermeidung und Abfallbewirtschaftung** (§ 6 ff.): Vermeidung von Abfällen geht vor Verwertung, Verwertung von Abfällen geht vor Beseitigung.
- **Ziel:** „Kreislaufwirtschaft", d.h. „Wiederverwertungsgesellschaft" statt „Wegwerfgesellschaft"

Recycling

▶ Unter Recycling versteht man eine möglichst lückenlose Rückführung von Materialien, Produkten und Abfällen als Güter oder Wertstoffe in den Produktions- und Verbrauchsprozess mit möglichst geringer Umweltbelastung.

Formen:

- **Wiederverwendung** (z.B. Pfandflaschen)
- **Wiederverwertung,** d.h. Auflösung des Materials und Herstellung des gleichen Produkts (z.B. werden aus dem zerbrochenen Glas aus den Glascontainern wieder neue Flaschen hergestellt)
- **Weiterverwertung,** d.h. Auflösung des Materials und Herstellung eines anderen Produkts (z.B. werden aus dem Gummi von Altreifen Schuhsohlen produziert)

Rationelle Energieverwendung

- Erneuerung und richtige Anpassung der Licht-, Kraft- und Heizungsanlagen an den täglichen Bedarf
- energiesparende Baumaßnahmen (z. B. Wärmedämmung an Gebäuden)
- Energiepreise als Mittel zur Förderung des Energiesparwillens (z.B. „Öko-Steuer“)
- langfristige, grundlegende Umstrukturierung der Energieverbrauchsgeräte und -anlagen (z.B. Umstellung der Heizungen von Öl auf alternative Energiequellen u. Ä.)
- Installation von Ersatz- und Ergänzungsenergieverbrauchsgeräten (z.B. Solarzellen, Wärmepumpen, Windkraftanlagen), um den Verbrauch des natürlichen Rohstoffs so weit wie möglich zu senken
- Entwicklung von sicheren, preiswerten und umweltfreundlichen Ersatzenergieträgern

Umwelt-Controlling

Alle relevanten Informationen zur ökologischen Situation eines Unternehmens werden gesammelt. Hieraus werden Verbesserungen abgeleitet, die dem Umweltschutz dienen und die Akzeptanz des Unternehmens in der Öffentlichkeit erhöhen. Weiterhin soll das ökonomische Risiko durch wirtschaftliche Sanktionen (Ordnungsgelder, Stilllegungsverfügungen) durch Nichtbeachtung des geltenden Umweltrechts minimiert werden.

Öko-Audit

Mit dem Öko-Audit als Bestandteil einer Qualitätsmanagement-Zertifizierung wird festgestellt, ob das Managementsystem alle ökologischen Gefahrenquellen berücksichtigt, die notwendigen Anweisungen dokumentiert hat und die entsprechenden Umweltvorschriften in allen betroffenen Bereichen eingehalten werden.

Qualitatives statt quantitatives Wachstum

Durch qualitatives statt auf Verschwendung und Überfluss ausgerichtetes quantitatives Wachstum werden die Wachstumsgrenzen verändert. Neue innovative rohstoff- und energiesparendere Produkte und Verfahren lösen zunehmend minderwertige, umweltbelastende, nicht reparaturfähige Güter ab, weil die Verbraucher immer umweltbewusster kaufen.

B Geschäftsprozesse

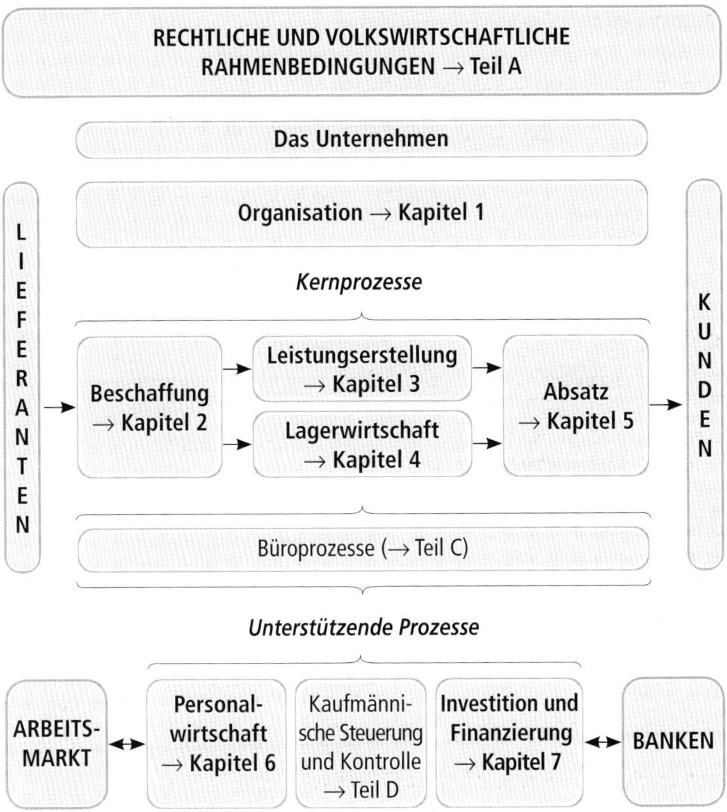

1 Organisation

1.1 Grundbegriffe

Improvisation

▸ fallweise Regelungen, die ungeplant und spontan in plötzlich auftretenden Situationen getroffen werden

Disposition

▸ fallweise Regelungen, die im Rahmen einer Dauerregelung getroffen werden

Organisation

▸ zielorientiertes Gesamtsystem von Dauerregelungen im Hinblick auf den Aufbau des Unternehmens (Aufbauorganisation) und den Ablauf der Unternehmensprozesse (Ablauforganisation)

1.2 Aufbauorganisation

Grundfragen der Aufbauorganisation

- Wie sind die Aufgaben gegliedert?
- Welche Stellen sollen gebildet werden?
- Wer kann wem Weisungen erteilen?
- Wie ist die Unternehmenshierarchie aufgebaut? → Organigramm

Ablauf bei der Entwicklung einer Aufbauorganisation

1. Phase: Aufgabengliederung (Aufgabenanalyse)
Die Gesamtaufgabe des Betriebes wird in sinnvolle Einzelaufgaben gegliedert.

2. Phase: Stellenbildung (Aufgabensynthese)
Zusammengehörende Einzelaufgaben werden zu Tätigkeitsbereichen (Stellen) zusammengefasst, die von einer Person (Stelleninhaber) erfüllt werden können.

3. Phase: Abteilungsbildung
Inhaltlich zusammengehörende Stellen werden unter einer Leitung zu einer Abteilung zusammengefasst.

4. Phase: Entwicklung einer Unternehmenshierarchie
Für jede Stelle wird festgelegt, welche Stellen über- und untergeordnet sind (Leitungs- und Weisungssystem).

Stellenarten

- **ausführende Stellen:** Stellen, die keine Leitungsbefugnisse besitzen (z. B. Sachbearbeiter, Schreibkraft)
- **Instanzen (Weisungsstellen):** Stellen, die Anordnungs- und Entscheidungsbefugnisse gegenüber rangniedrigeren Stellen haben (z. B. Geschäftsführer, Abteilungsleiter)
- **Stabsstellen:** nicht weisungsberechtigte, beratende, meist von Experten besetzte Hilfsstellen der Instanzen, die Entscheidungen der Instanzen vorbereiten

Abteilungsgliederungsprinzipien

- Abteilungsgliederung **nach Objekten** *(**Beispiel:** Abteilungsgliederung nach Produktarten oder nach Regionen)*
- Abteilungsgliederung **nach Verrichtungen** *(**Beispiel:** Einkauf, Lagerhaltung, Verkauf, Rechnungswesen)*

Leitungssysteme

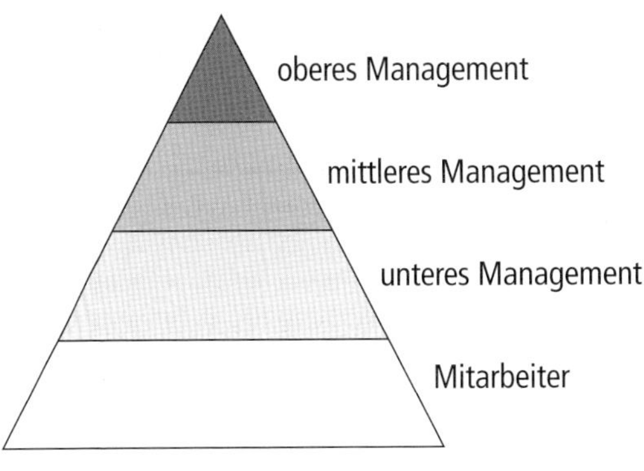

Einliniensystem

- Für jede Stelle gibt es nur eine übergeordnete Stelle, die Weisungen erteilt.
- Eine untergeordnete Stelle gibt Meldungen/Vorschläge nur an die unmittelbar übergeordnete Stelle weiter.

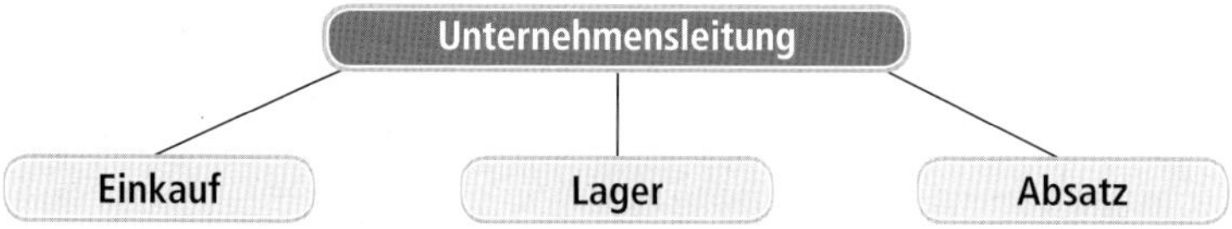

Mehrliniensystem

Mindestens eine untergeordnete Stelle erhält Weisungen von **mehreren** übergeordneten Stellen.

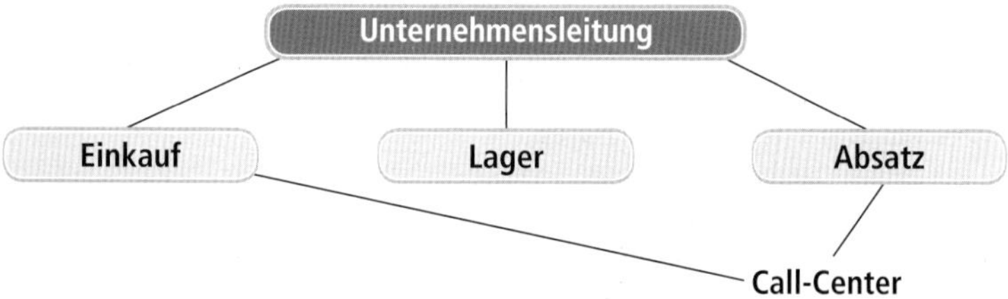

Stabliniensystem

Der Unternehmensaufbau beinhaltet Stabsstellen, die die Linienstellen entlasten.

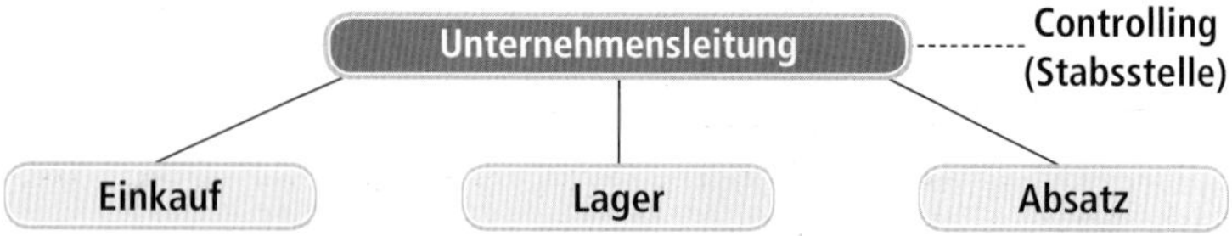

Matrixorganisation

- Kombination zweier gleichberechtigter Hierarchieebenen: funktionsorientierte Organisation (z. B. Abteilung Einkauf) und produktorientierte Organisation (z. B. Produktmanager)
- Weiterentwicklung des Mehrliniensystems, da jede Teilfunktion von zwei Entscheidungslinien beeinflusst wird

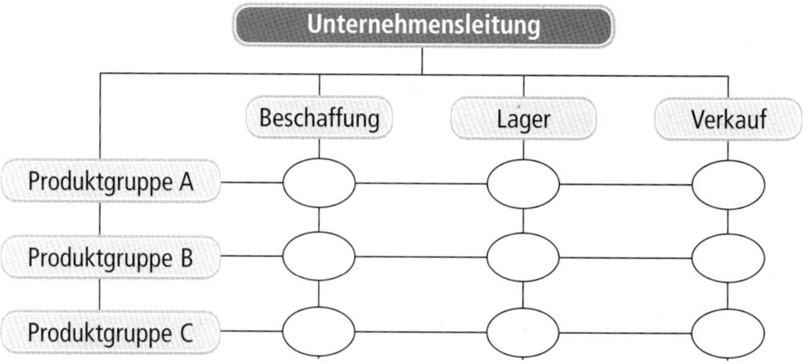

Vorteile	Nachteile
▪ Förderung der Teamarbeit ▪ Entlastung der Unternehmensleitung ▪ Verbesserung der Qualität von Problemlösungen durch das Einbringen verschiedener Denkansätze	▪ Gefahr von Kompetenzstreitigkeiten ▪ langwierige Abstimmungsprozesse notwendig

1.3 Ablauforganisation

Unter Ablauforganisation versteht man die Gestaltung der Arbeitsprozesse zur Erfüllung betrieblicher Teilaufgaben.

Ziele der Ablauforganisation

- optimale Auslastung der Kapazitäten (Arbeitskräfte und Betriebsmittel)
- Minimierung der Durchlaufzeiten (= Zeit zur Abwicklung der Arbeitsprozesse)

Dilemma der Ablauforganisation

Zielkonflikte bei dem Versuch, beide Ziele der Ablauforganisation gleichzeitig zu erreichen

Aufgaben der Ablauforganisation

Die Ablauforganisation gestaltet die Arbeitsabläufe im Hinblick auf

- den Arbeitsinhalt (Was ist im Einzelnen zu machen?),
- die Arbeitszeit (Wie lange dauert es?),
- den Arbeitsraum (Wo wird es gemacht?),
- die Arbeitszuordnung (Wer macht was?).

Funktions- und prozessorientierte Organisation im Vergleich

Funktionsorientierung	Prozessorientierung
▪ Zergliederung einzelner Vorgänge und Arbeitsprozesse in Teilaufgaben ▪ Abwicklung der Teilaufgaben steht im Vordergrund ▪ Arbeitsteilung durch Beteiligung mehrerer Organisationseinheiten oder Stellen an der Bearbeitung eines Vorgangs ▪ mehrstufige Bearbeitung über die betriebliche Rangfolge ▪ Konzentration der Mitarbeiter auf die Bearbeitung einzelner Teilfunktionen (Spezialisten)	▪ Zusammenfassung mehrerer Teilaufgaben zu einem integrierten Prozess ▪ Kunde als Orientierungspunkt für die Organisation der Prozesse ▪ durchgängige, abteilungsübergreifende Bearbeitung eines Vorgangs durch einen Mitarbeiter oder ein Prozessteam ▪ einstufige, ganzheitliche Bearbeitung mit Befugnissen und Kompetenzen für den gesamten Prozess ▪ Verantwortung der Mitarbeiter für den ganzen Vorgang/Prozess (Generalisten)

1.4 Darstellung und Optimierung von Geschäftsprozessen

Grafische Darstellungen von Arbeitsabläufen und Geschäftsprozessen bieten eine im Vergleich zu einer rein verbalen Beschreibung wesentlich größere Übersichtlichkeit sowie die Möglichkeit, Optimierungspotenziale schnell zu erfassen. So können z.B. Störungen und überflüssige Doppelarbeiten auf einen Blick erkannt und Rationalisierungspotenziale genutzt werden, um die Durchlaufzeiten zu optimieren. Bei der Darstellung lassen sich verschiedene Möglichkeiten unterscheiden.

Flowchart (Flussdiagramm)

Beim Flowchart (auch Flussdiagramm oder Blockdiagramm genannt) handelt es sich um eine grafische Darstellung des logischen Ablaufs eines Arbeitsprozesses. Flowcharts ermöglichen auch die Darstellung von Verzweigungen und Schleifen. Das Flussdiagramm gehört zu den Methoden der funktionsorientierten Ablauforganisation.

Symbole Flowchart

Start bzw. Stopp (= Anfangs- und Endpunkt eines Arbeitsablaufes)

Bearbeitung. Jeder Arbeitsschritt erhält ein eigenes Kästchen. Die Bezeichnung des Arbeitsschrittes wird in das Kästchen eingetragen.

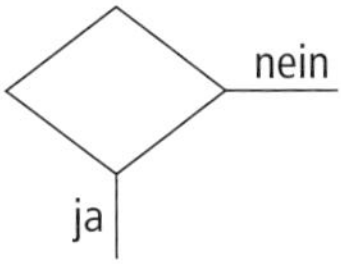

Entscheidungs- bzw. Abfragesymbol. Bei Arbeitsschritten, die eine Entscheidung verlangen, steht dieses Symbol.

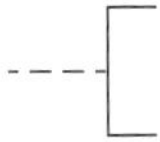

erläuternder Text zu den Symbolen, soweit er nicht innerhalb der Symbole untergebracht werden kann

Anschlusspunkt („Konnektor"). Die Ziffer innerhalb des Konnektors verweist auf den Punkt, an dem der Arbeitsablauf weitergeht.

Beispiel Flowchart

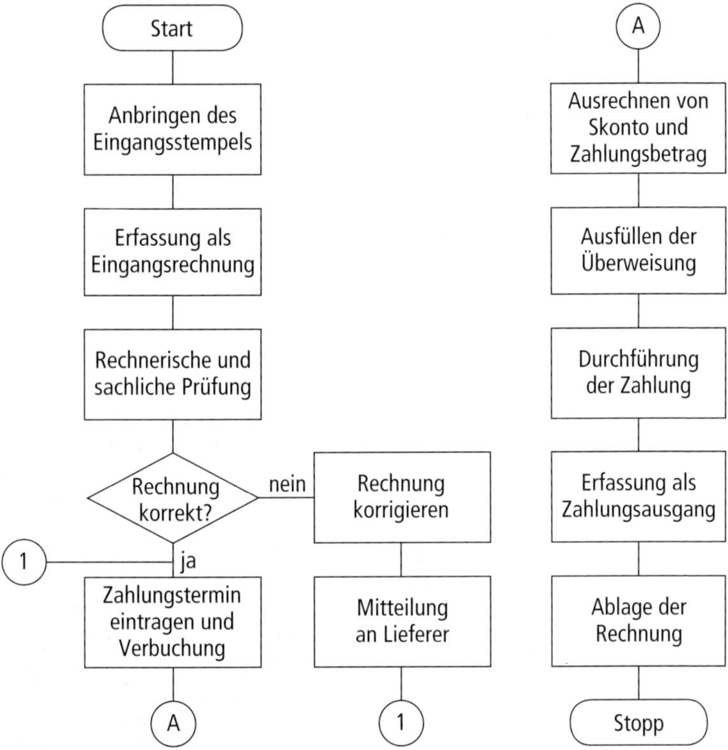

Arbeitsablaufdiagramm

Bei dem Arbeitsablaufdiagramm werden alle Arbeitsgänge untereinander aufgeführt. Es dient der Darstellung von sequenziellen (nicht verzweigten) Arbeitsabläufen. Mithilfe von Symbolen wird kenntlich gemacht, um welche Art von Tätigkeit es sich jeweils handelt. Das Arbeitsablaufdiagramm gehört zu den Methoden der funktionsorientierten Ablauforganisation.

Symbole Arbeitsablaufdiagramm

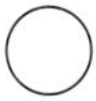 Bearbeiten

 Prüfen

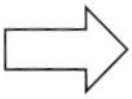 Transportieren

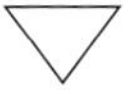 Lagern (Ablage)

 Verzögerung

Beispiel Arbeitsablaufdiagramm

Nr. der Tätigkeit	Tätigkeit	Symbol
1.	Mitarbeiter im Einkauf (EK) veranlasst die Bestellung und gibt eine Kopie der Bestellung weiter.	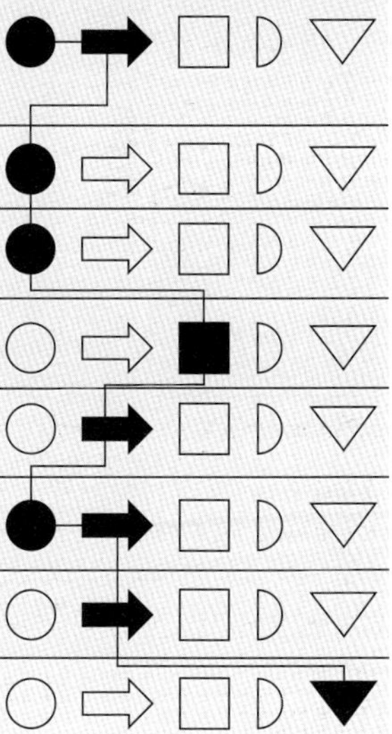
2.	Lager erhält die Kopie der Bestellung.	
3.	Lagermitarbeiter (LM) stellt die Ware bereit.	
4.	LM kontrolliert die Ware auf äußere Mängel.	
5.	LM verständigt den Vertrieb.	
6.	VM (Vertriebsmitarbeiter) veranlasst den Versand.	
7.	Versand versendet die Ware und verständigt EK.	
8.	EK erhält Kopie der Bestellung und schließt den Vorgang ab.	

Ereignisgesteuerte Prozesskette (EPK)

Die Ereignisgesteuerte Prozesskette (EPK) ermöglicht eine sehr umfassende grafische Darstellung von Geschäftsprozessen. Sie wurde 1992 von einer Arbeitsgruppe unter Leitung von Prof. Scheer an der Universität Saarbrücken im Rahmen eines Forschungsprojektes mit der SAP AG zur Beschreibung von Geschäftsprozessen entwickelt. Man spricht auch vom „ARIS-Konzept“ (ARIS = Architektur integrierter Informationssysteme) oder vom „Scheer-Schema“. Die EPK ist ein Instrument zur Umsetzung einer prozessorientierten Organisation. In der Praxis wird dazu eine ERP-Software (Enterprise Ressource Planning) wie z.B. SAP oder Microsoft Navision genutzt.

Symbol	Aussagegehalt	*Beispiel*
Funktion	Was soll gemacht werden?	Bezugspreis kalkulieren
Ereignis	Was hat sich ereignet? Was ist gemacht worden?	Auftrag ist eingegangen
Organisationseinheit	Welche Stelle macht es? Wer ist verantwortlich?	Einkauf
Informationsobjekt	Welche Informationen unterstützen die Tätigkeit bzw. werden benötigt?	Bestellung
OR = V	logisches ODER entweder das eine oder das andere **oder beides**! ***Beispiel:*** *Es wäre auch möglich, Bewerber 1 und Bewerber 2 einzustellen.*	Personalauswahlentscheidung → V → Bewerber A / Bewerber B

XOR = $\veebar$	logisches ENTWEDER … ODER Nur eine der Möglichkeiten kommt infrage! ***Beispiel:*** *Es kann nur ein Bewerber eingestellt werden.*	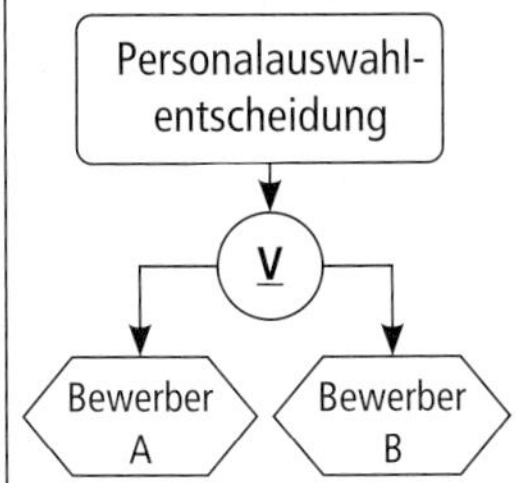
AND = $\wedge$	logisches UND Beide Bedingungen müssen erfüllt sein. ***Beispiel:*** *Erst wenn sowohl Geschäftsleitung (GF) und Betriebsrat (BR) als auch der Bewerber selbst zusagen, kann die Einstellung erfolgen.*	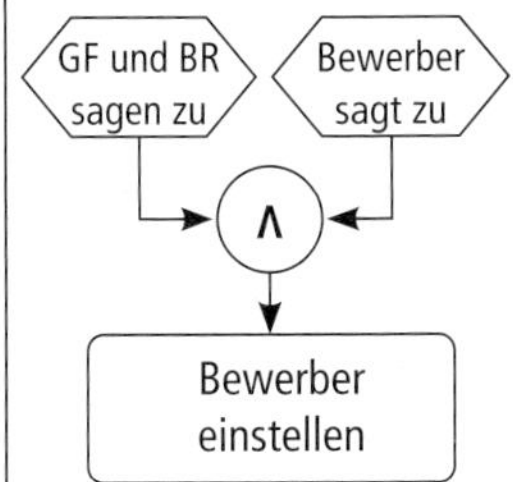

Beispiel Ereignisgesteuerte Prozesskette (EPK)

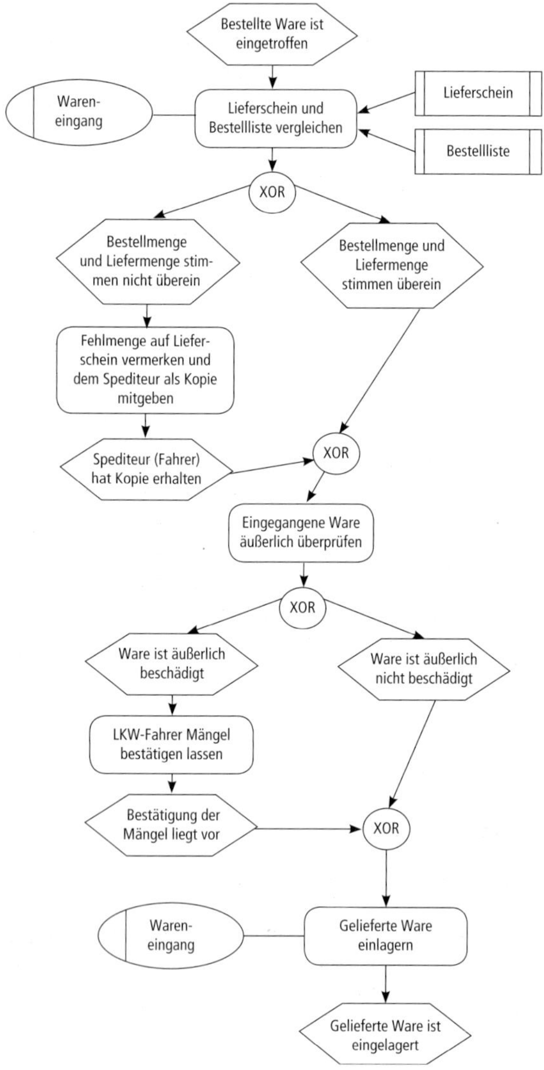

Ziele der Prozessorientierung

Aufbauorganisatorische Ziele	▪ Dezentralisierung der Organisationsstruktur ▪ Stärkung von Eigenverantwortung und Entscheidungskompetenzen einzelner Mitarbeiter ▪ Verbesserung der Teamarbeit ▪ Abbau von Hierarchien ▪ Steigerung der Arbeitsproduktivität
Ablauforganisatorische Ziele	▪ Vereinfachung der Arbeitsabläufe ▪ Entfernung unnötiger Arbeitsschritte ▪ Minimierung der Durchlaufzeiten ▪ Minimierung der Fehlerquote ▪ Verbesserung der Effizienz und Flexibilität
Wirtschaftliche Ziele	▪ Erschließung von Rationalisierungs- und Produktivitätspotenzialen ▪ Kostenminimierung und Verbesserung der Wirtschaftlichkeit ▪ Stärkung der Marktposition durch Kundenorientierung ▪ Verbesserung der Wettbewerbsfähigkeit

2 Beschaffung

2.1 Optimale Bestellmenge

Ein Grundproblem im Rahmen der Beschaffungsplanung ist, einen Ausgleich zu finden zwischen den Kosten eines zu hohen Lagerbestandes und Problemen mit der Produktions- bzw. Verkaufsbereitschaft, wenn die Lagerbestände zu gering sind.

Vorteile hoher Bestellmengen	Nachteile einer zu hohen Bestellmenge
- weniger Lieferungen → geringere Transportkosten - Mengenrabatte - hohe Produktions- bzw. Verkaufsbereitschaft	- hohe Lagerkosten (Energiekosten, Raumkosten) - Kosten für das im Lager gebundene Kapital - höheres Lagerrisiko (Modewechsel, Verderb, Veraltern)

Unternehmen streben nach einer **optimalen Bestellmenge**. Hier sind die Nachteile eines zu hohen bzw. eines zu geringen Lagerbestandes ausgeglichen. Rein rechnerisch betrachtet ist die Bestellmenge dann optimal, wenn die Gesamtkosten (= Bestellkosten und Lagerkosten) am niedrigsten sind.

2.2 Optimaler Bestellzeitpunkt

Ziel der Zeitplanung ist es, die Waren zum optimalen Zeitpunkt zu beschaffen, d. h., dass

a) die Waren nicht zu spät beschafft werden, damit es zu keinen Verkaufsengpässen und damit zu Gewinneinbußen oder Imageverlusten kommt,

b) die Waren nicht zu früh beschafft werden, um unnötige Lagerkosten zu vermeiden.

Methoden zur Ermittlung des Bestellzeitpunktes

Bestellrhythmusverfahren	Bestellpunktverfahren
Die Bestellung erfolgt in regelmäßigen Zeitabständen, insbesondere bei Waren mit einem annähernd gleichen Absatz.	Die Ware wird immer dann bestellt, wenn ein bestimmter Bestand (Meldebestand) erreicht ist.

Weitere Einflussgrößen zur Bestimmung des Bestellzeitpunktes:

- Haltbarkeit der Ware
- bisheriger Absatz
- Lieferzeiten
- Liquiditätssituation
- saisonale Bedingungen
- Preisentwicklungen
- Lagermöglichkeiten

Just-in-time-Lieferung

Ausgangspunkt der Just-in-time-Lieferung (JIT) ist eine fertigungs-/bedarfssynchrone Produktion. Güter oder Bauteile werden von den Zulieferbetrieben erst bei Bedarf – zeitlich möglichst genau berechnet – direkt ans Montageband geliefert. Ein Produkt wird also, vereinfacht gesagt, exakt zu dem Zeitpunkt fertiggestellt bzw. geliefert, zu dem es auch benötigt wird. Dazu sind die einzelnen Herstellungsschritte zeitlich entsprechend einzuplanen.

Vorteile von JIT	Nachteile von JIT
▪ sehr niedrige Lagerbestände → deutlich geringere Kapitalbindungskosten ▪ kürzere Durchlaufzeiten ▪ hohe Flexibilität und Effizienz in der Auftragsabwicklung bei Serien- und Einzelfertigung	▪ hoher logistischer Aufwand ▪ hohe Anforderungen an die Flexibilität des Lieferanten ▪ Kostennachteile aufgrund geringerer Bestellmengen → höhere Bestellkosten ▪ Lieferterminschwierigkeiten bei Stockungen

2.3 Bezugsquellenermittlung

Die Frage „Wo soll bestellt werden?“ bildet einen wichtigen Bestandteil der Beschaffungsplanung. Man unterscheidet:

Interne Informationsmöglichkeiten für Bezugsquellen	Externe Informationsmöglichkeiten für Bezugsquellen
▪ Lieferantendatei des Warenwirtschaftssystems ▪ Artikeldatei des Warenwirtschaftssystems ▪ Berichtswesen im Rahmen des betrieblichen Controllings	▪ Fachzeitschriften, Kataloge, Prospekte ▪ Ausstellungen und Messen ▪ Institutionen wie die IHK, Wirtschaftsverbände, Großhändler, Kreditinstitute ▪ Internet ▪ „Gelbe Seiten" ▪ „Wer liefert was?" ▪ „ABC der deutschen Wirtschaft"

2.4 Anfrage

Wirtschaftliche und rechtliche Bedeutung

Eine Anfrage dient der Anbahnung von Geschäften und ist **rechtlich unverbindlich**.

Formen der Anfrage

Allgemeine Anfragen	Spezielle Anfragen
Anfragen nach allgemeinen Informationsmaterialien wie Katalogen, Mustern, Preislisten	Bitte um genaue Informationen über konkrete Artikel, Liefertermine, Liefer- und Zahlungsbedingungen etc.

2.5 Angebot und Angebotsvergleich

Wirtschaftliche und rechtliche Bedeutung

Angebote richten sich an eine bestimmte Person oder Gruppe von Personen (z. B. Schulklassen). Sie sind **rechtlich bindend**.

Kriterien des Angebotsvergleiches

Angebotsvergleiche dienen der Auswahl geeigneter Lieferanten. Wichtige Beurteilungskriterien sind:

Quantitatives Kriterium: Bezugs-/Einstandspreis	Qualitative Kriterien wie beispielsweise:
Listeneinkaufspreis – Liefererrabatt **= Zieleinkaufspreis** – Liefererskonto **= Bareinkaufspreis** + Bezugskosten Verpackungskosten Transportkosten Transportversicherung Zölle **= Bezugspreis**	▪ Qualität der angebotenen Ware ▪ Mindestabnahmemengen ▪ mögliche Liefermengen ▪ Liefertermin und Lieferzeit ▪ Zuverlässigkeit des Lieferanten ▪ Kundendienst und Serviceleistungen ▪ Verhalten bei Reklamationen ▪ Flexibilität (z. B. bei Änderungen der Bestellmenge)

2.6 Bestellung

Eine Bestellung ist wie ein Angebot **rechtlich bindend**. Im Hinblick auf das Zustandekommen von Kaufverträgen unterscheidet man folgende Möglichkeiten:

1. Entspricht eine Bestellung dem vorausgegangenen Angebot, kommt ein Kaufvertrag zustande.
2. Weicht die Bestellung von einem vorausgegangenen Angebot ab, gilt die Bestellung als neuer Antrag, der erst vom Lieferanten angenommen werden muss.
3. Eine verspätete Bestellung oder eine Bestellung ohne vorausgehendes Angebot stellt einen Antrag zum Abschluss eines Kaufvertrages dar.

2.7 Terminüberwachung

Unternehmen müssen ständig überprüfen, dass die vereinbarten Liefertermine von den Lieferanten eingehalten werden, um

- ihre Produktions- bzw. Verkaufsbereitschaft zu sichern und
- die Rechte aus dem Lieferungsverzug zu wahren.

3 Leistungserstellung

3.1 Fertigung

Unternehmen, die sich auf die gewerbliche Gewinnung und Herstellung von Sachgütern konzentrieren, bezeichnet man als Industrie- bzw. Produktionsbetriebe. Kern der Leistungserstellung von Produktionsbetrieben ist die Fertigung. Je nach Verwendung der produzierten Güter kann zwischen der Investitionsgüterindustrie (z. B. Maschinen, Lkw) und der Konsumgüterindustrie (z. B. Lebensmittel, Schuhe) unterschieden werden.

Produktionstypen der Fertigung

Einzelfertigung (z.B. Schiffe, Brücken)	**Serienfertigung** (z.B. Pkw, Möbel)	**Massenfertigung** (z.B. Büroklammern, Gummibärchen)
▪ auftragsorientierte Fertigung ▪ Herstellung von Einzelstücken ▪ Einsatz von Universalmaschinen ▪ Qualifikationsniveau: Facharbeiter ▪ hohe Flexibilität gegenüber Marktschwankungen ▪ hohe Stückkosten ▪ Organisation: Baustellenfertigung oder Werkstattfertigung	▪ programm- und auftragsorientierte Fertigung ▪ Fertigung in Klein- und Großserien ▪ Herstellung gleicher Produkte innerhalb einer Serie ▪ Herstellung verschiedener Produktarten ▪ Einsatz von Universal- und Spezialmaschinen ▪ Qualifikationsniveau: Facharbeiter und angelernte Arbeiter ▪ erhebliche Umrüstkosten bei Serienwechsel ▪ Organisation: Werkstattfertigung, Gruppenfertigung, Fließfertigung	▪ Herstellung gleicher Produkte in sehr großen Mengen für den „anonymen" Markt ▪ weitgehend automatisierte Fertigung ▪ Qualifikationsniveau: angelernte Arbeiter ▪ sehr niedrige Stückkosten ▪ Organisation: Fließfertigung

Organisationstypen der Fertigung

Werkstättenfertigung	
▪ Zusammenfassung von Maschinen und Arbeitskräften mit gleichartigen Arbeitsverrichtungen in Werkstätten (z.B. Bohrerei, Gießerei, Sägerei, Stanzerei) ▪ sinnvoll, wenn eine Anordnung der Maschinen nach dem Arbeitsablauf und eine zeitliche Abstimmung der einzelnen Arbeitsverrichtungen aufeinander möglich sind, weil die Zahl der Erzeugnisse mit unterschiedlichem Fertigungsgang sehr groß ist ▪ Einsatz von Universalmaschinen und qualifizierten Facharbeitern	
Vorteile (im Vergleich zur Fließfertigung)	**Nachteile (im Vergleich zur Fließfertigung)**
▪ Sonderwünsche einzelner Kunden problemlos erfüllbar ▪ hohe Anpassungsfähigkeit bei Veränderungen der Fertigung ▪ abwechslungsreiche Tätigkeiten für Mitarbeiter	▪ hoher Planungsaufwand ▪ hohe Lohnkosten (Facharbeiter) ▪ hohe Lagerkosten durch die notwendigen Zwischenlager ▪ längere Transportwege im Fertigungsablauf ▪ langsamere Durchlaufzeiten

Reihenfertigung (auch Linienfertigung)	
- Anordnung der Maschinen nach Produktionsablauf - stets gleiche Reihenfolge des Produktionsablaufs - Zwischenlager zwischen den einzelnen Maschinen dienen als Puffer. - Fertigungsfluss ohne zeitliche Taktung - Einsatz von Spezialmaschinen und angelernten Arbeitskräften möglich	
Vorteile (im Vergleich zur Werkstättenfertigung)	**Nachteile (im Vergleich zur Werkstättenfertigung)**
- geringerer Planungsaufwand - kürzere Transportwege - schnellere Durchlaufzeiten - niedrigere Lohnkosten (durch den Einsatz von angelernten Arbeitern) - Einsatz von leistungsfähigen Spezialmaschinen - übersichtlicherer Produktionsablauf	- geringere Flexibilität bei Sonderwünschen - weniger abwechslungsreiche Tätigkeiten für Mitarbeiter
Vorteil (im Vergleich zur Fließfertigung)	**Nachteile (im Vergleich zur Fließfertigung)**
größere Selbstbestimmung der Mitarbeiter im Hinblick auf das Arbeitstempo (keine zeitliche Taktung der Fertigung)	- Kosten für Zwischenlager - Wartezeiten möglich, da keine zeitliche Taktung des Fertigungsflusses - längere Durchlaufzeiten - geringerer Spezialisierungsgrad

Fließfertigung

- Anordnung der Maschinen nach Produktionsablauf
- stets gleiche Reihenfolge des Produktionsablaufs
- Transport über Fließbänder
- keine Puffer, pausenlose Produktion
- exakte zeitliche Taktung des Arbeitsablaufs
- Einsatz von ungelernten Arbeitskräften möglich

Fließfertigung	
Vorteile (im Vergleich zur Werkstättenfertigung)	**Nachteile (im Vergleich zur Werkstättenfertigung)**
■ geringerer Planungsaufwand ■ kürzere Transportwege ■ schnellere Durchlaufzeiten ■ niedrigere Lohnkosten (Arbeitskräfte leicht anlernbar) ■ Einsatz von leistungsfähigen Spezialmaschinen ■ Fließbänder leistungsfähiger	■ geringere Flexibilität bei Sonderwünschen ■ weniger abwechslungsreiche Tätigkeiten für Mitarbeiter
Vorteile (im Vergleich zur Reihenfertigung)	**Nachteile (im Vergleich zur Reihenfertigung)**
■ keine Zwischenlagerkosten ■ kürzere Durchlaufzeiten, da exakte zeitliche Bindung ■ höherer Spezialisierungsgrad (→ Leistungssteigerung)	■ Arbeitskräfte können ihr Arbeitstempo nicht selbst bestimmen. ■ Produktionsstopp bei Störungen ■ hoher Kapitaleinsatz → hohe Zinsbelastung (Fixkosten) → hohes Unternehmerrisiko → lohnt nur bei Massenproduktion

Gruppenfertigung (Inselfertigung)	
■ Kombination aus Reihen- und Werkstättenfertigung ■ Ablaufsystem, bei dem alle zur Herstellung gleicher oder verwandter Teile eines Produktes erforderlichen Arbeitsvorgänge in einer Arbeitsgruppe durchgeführt werden ■ Jede Arbeitsgruppe organisiert eigenständig Ablauf- und Arbeitstempo. ■ Job-Rotation ist organisierbar.	
Vorteile (im Vergleich zur Werkstättenfertigung)	**Nachteile (im Vergleich zur Werkstättenfertigung)**
■ geringerer Planungsaufwand ■ kürzere Transportwege ■ schnellere Durchlaufzeiten ■ niedrigere Lagerkosten ■ übersichtlicherer Arbeitsablauf	■ schwierigere Entgeltberechnung ■ Gefahr des Gruppenzwangs (psychischer Druck) innerhalb einer Arbeitsgruppe

Gruppenfertigung (Inselfertigung)	
Vorteile (im Vergleich zur Fließfertigung)	**Nachteile (im Vergleich zur Fließfertigung)**
▪ Anpassungsfähigkeit bei Änderungen, da oft Universalmaschinen zum Einsatz kommen ▪ abwechslungsreichere Tätigkeiten → mehr Erfolgserlebnisse und höhere Motivation für Mitarbeiter	▪ schwierigere Entgeltberechnung ▪ Gefahr des Gruppenzwangs (psychischer Druck) innerhalb einer Arbeitsgruppe

3.2 Handel

Die Leistungserstellung des Handels liegt in der Verteilung der von Produktionsbetrieben hergestellten oder erzeugten Güter. Der Handel stellt die Verbindung zwischen Produktion und Konsum dar. Er beschafft Waren auf eigene Rechnung und setzt diese unverändert wieder ab.

Arten

Der **Großhandel** kauft Waren in erster Linie bei Produktionsbetrieben ein und verkauft diese unverändert an Einzelhändler oder Großverbraucher.

Der **Einzelhandel** kauft Waren in erster Linie beim Großhandel ein und verkauft sie unverändert an den Endverbraucher.

Aufgaben

Warenbeschaffung	Wareneinkauf in größeren Mengen bei den Herstellern bzw. beim Großhandel
Warenbereitstellung	Lagerung der eingekauften Produkte und Angebot eines kundengerechten Warensortiments
Warenabsatz	Verkauf der Waren in kleineren Mengen und Beratung der Kunden

Leistungen

Handelsbetriebe bieten ihren Kunden und den Lieferanten folgende Leistungen:

Sortimentsbildung	Zusammenstellung eines Sortiments aus dem Angebot der Hersteller, welches den Bedürfnissen der Einzelhändler bzw. Endverbraucher entspricht
Beratung und Service	■ Weitergabe von Informationen über Beschaffenheit, Qualität, Verwendung der Waren an die Kunden ■ Kundendienstleistungen (Service) erleichtern den Kunden den Wareneinkauf.
Lagerhaltung	■ Übernahme der Vorratshaltung für die Verbraucher ■ Veredelung von Waren durch Reifen, Mischen, Rösten
Warenverteilung	Kauf von größeren Warenmengen und Weiterverkauf in kleineren Mengen an die Einzelhändler bzw. Endverbraucher
Marktbeobachtung	Weitergabe von Informationen über Änderungen der Einkommensverhältnisse, Qualitätsansprüche, Verbraucherbedürfnisse oder im Verhalten von Kunden an die Hersteller
Absatzförderung	Produkte von Herstellern werden durch verschiedene Maßnahmen des Einzelhandels (Verkaufsförderung, Werbung, Warenplatzierung, Empfehlungen im Verkaufsgespräch) bekannt gemacht und der Verkauf wird gefördert.
Finanzierung	Kunden erhalten beim Kauf in Verbindung mit darauf spezialisierten Kreditinstituten die Möglichkeit von Ratenkrediten und Zahlungszielen.

3.3 Dienstleistungen

Dienstleistungen sind ökonomische Güter, die wie Waren (Sachgüter) der Befriedigung menschlicher Bedürfnisse dienen. Im Unterschied zu Sachgütern sind Dienstleistungen jedoch nicht lagerfähig. Produktion und Verbrauch dieser „unsichtbaren" Leistungen fallen zeitlich zusammen.

Arten	Aufgaben
Betriebe des Güterverkehrs	Lagerung und Transport von Waren zwischen Absender und Empfänger
Betriebe des Nachrichtenverkehrs	Transport von Informationen über hierfür geeignete Einrichtungen von einem Sender zu einem Empfänger
Kreditinstitute	Abwicklung des Zahlungsverkehrs sowie von Beratungs-, Einlagen-, Kredit- und Depotgeschäften
Versicherungen	Schutz gegen Risiken
sonstige Dienstleistungsbetriebe	z. B. Unternehmensberatung, Steuerberatung, Rechtsberatung

4 Lagerwirtschaft

4.1 Aufgaben der Lagerhaltung

In Unternehmen kommt der Lagerung eine besondere Bedeutung zu. Sie soll insbesondere folgende Aufgaben erfüllen:

- **Reifungsfunktion:** notwendige Bearbeitung oder Ausreifung während der Lagerzeit
- **Zeitüberbrückungsfunktion:** zeitlicher Ausgleich zwischen stoßweiser Anlieferung und Produktions- bzw. Verkaufsbedarf
- **Sicherheitsfunktion:** Absicherung einer reibungslosen Produktion bzw. eines reibungslosen Verkaufs bei (vorübergehenden) Beschaffungsschwierigkeiten durch Anlegung „eiserner Bestände“ für wichtige Güter
- **Preisausgleichsfunktion:** Ausgleich von größeren Preisschwankungen
- **Kostensenkungsfunktion:** Ausnutzen der Vorteile des Großeinkaufs

4.2 Lagerarten

Ein Lager ist der Ort, an dem die Ware auf Vorrat aufbewahrt wird. In einem Industrieunternehmen unterscheidet man folgende Lagerarten:

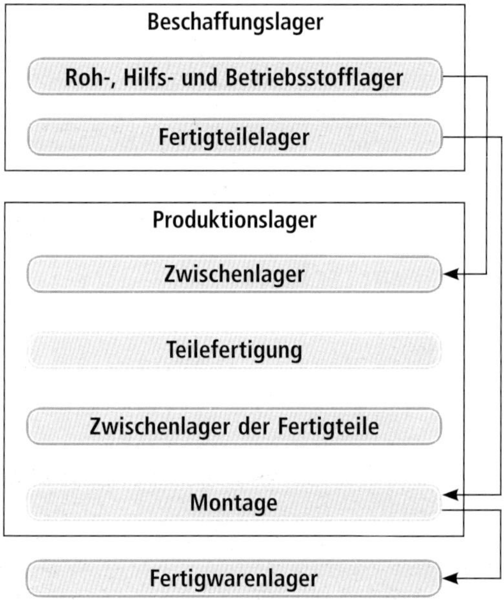

4.3 Lagerrisiken

Die Vorratshaltung von Roh-, Hilfs-, Betriebsstoffen und Handelswaren birgt für ein Unternehmen bestimmte Risiken. Diese verursachen Kosten und sollten deshalb möglichst gering gehalten werden:

- Veralterung der Ware durch technischen Fortschritt
- Änderungen der Kundenwünsche
- Schwund infolge von Verderb, Ablauf des Verfallsdatums, Verdunsten, Vertrocknen, Diebstahl
- Preisschwankungen beim Wareneinkauf

4.4 Lagerbestandsarten

Mindestbestand	■ ist eine eiserne Reserve, die im normalen Geschäftsablauf nicht angegriffen werden soll ■ dient der Sicherung der Verkaufsbereitschaft bei unerwarteten Fällen wie Streiks, unvorhergesehener Nachfrage, Lieferstörungen
Meldebestand	■ Wird dieser Bestand erreicht, muss der Unternehmer nachbestellen, damit der Mindestbestand bei normaler Nachfrage nicht angegriffen werden muss. ■ Meldebestand = (Tagesabsatz · Lieferzeit) + Mindestbestand
Höchstbestand	■ gibt an, welche Menge an Artikeln aus technischen oder wirtschaftlichen Gründen höchstens auf Lager sein darf ■ soll zu hohe Lagerbestände und die damit verbundenen Lagerkosten vermeiden

4.5 Lagerkosten

Die Lagerung von Waren verursacht hohe Kosten für Unternehmen. Lagerkosten fallen in folgenden Bereichen an:

Lagerbestände	Lagerausstattung	Lagerverwaltung
■ Zinsen für das in den Lagerbeständen gebundene Kapital ■ Prämien für Versicherung der Lagerbestände ■ Wertverluste durch Schwund, Diebstahl, Verderb	■ Lagermiete ■ Reparaturen, Strom, Heizung ■ Abschreibungen auf Lagergebäude und Lagereinrichtungen ■ Zinsen für das in Lagerräume und Lagerausstattung investierte Kapital	■ Löhne und Gehälter der Lagermitarbeiter ■ Büromaterial ■ EDV-Ausstattung

Merke:

Die Minimierung der Lagerhaltungskosten ist ein wesentliches Ziel jedes Unternehmens. Hierzu liefern die Lagerkennziffern (→ Teil D, Kap. 6.3) wertvolle Informationen.

5 Absatz

5.1 Grundlagen

▸ Bevor ein Marketingkonzept entwickelt werden kann, sollten zunächst Informationen über den Markt und die Kunden erhoben werden. Geschieht dies systematisch, spricht man von der **Marktforschung**.

▸ Unter **Marketing** versteht man die Summe aller absatzfördernden Maßnahmen. Es handelt sich dabei um eine Mischung aus verschiedenen Maßnahmen. Deshalb wird auch vom **Marketing-Mix** gesprochen. Der Marketing-Mix besteht aus den Elementen Produkt- und Sortimentspolitik, Preis- und Konditionenpolitik, Kommunikationspolitik und Distributionspolitik. In diesem Zusammenhang spricht man auch von den vier Ps („product", „price", „promotion", „place").

5.2 Marktforschung

Markterkundung
unsystematische Erfassung und Analyse von Marktdaten

z. B. Gespräche mit Kunden und Vertretern, Sichtung von Prospektmaterial und Fachartikeln

Marktforschung
systematische Gewinnung und Auswertung von Informationen

Unterscheidung nach dem Beobachtungszeitraum

Marktanalyse
Ermittlung der Marktverhältnisse zu einem bestimmten Zeitpunkt

Marktbeobachtung
Ermittlung der Marktverhältnisse über einen längeren Zeitraum hinweg

nach der Art der Gewinnung der Informationen

Primärforschung
Ersterhebung der gewünschten Informationen

z. B. durch Fragebögen, Interviews, Experimente

Sekundärforschung
Auswertung bereits vorhandener Informationsquellen

z. B. Auswertung von unternehmensinternen und -externen Statistiken und Marktforschungsergebnissen

Marktprognose
Abschätzung der Entwicklung der Marktverhältnisse

5.3 Marketing-Mix

5.3.1 Produkt- und Sortimentspolitik

Produktpolitik

Produktgestaltung: Die Produkte sollen den Verbraucherwünschen bestmöglich entsprechen, z.B. hinsichtlich Farbe, Form, Qualität, Material, Komfort, Verpackung, Produktname, Service, Kundendienst, Garantieleistungen u. Ä.

Produktinnovation: Ein völlig neuartiges Produkt wird konzipiert (Produktentwicklung) oder es werden neue Produkteigenschaften für ein bereits existierendes Produkt entwickelt (Produktverbesserung).

Produktvariation: Es werden verschiedene Produktvarianten (z.B. hinsichtlich Qualität, Ausstattung, Material, Design) angeboten, um möglichst individuell auf den Kunden eingehen zu können.

Produktelimination: Aus Kosten- und/oder Absatzgründen wird ein Produkt nicht mehr angeboten.

Programm- bzw. Sortimentspolitik

▶ Gestaltung des Produktionsprogramms (Industriebetrieb) bzw. des Warensortiments (Handel) im Hinblick auf die Tiefe und die Breite des angebotenen Produktspektrums

5.3.2 Preis- und Konditionenpolitik

Preissetzung

Die Festlegung des Absatzpreises erfolgt

- kostenorientiert (Welche Kosten habe ich? Welchen Gewinnzuschlag setze ich an? → Teil D, Kap. 4 Kosten- und Leistungsrechnung, insbes. Handelskalkulation),
- konkurrenzorientiert (Welche Preise verlangt die Konkurrenz?),
- nachfrageorientiert (Welchen Preis ist der Kunde bereit zu zahlen?).

Preisdifferenzierung

Die Preisdifferenzierung kann auf verschiedene Weise vorgenommen werden:

- räumlich (z.B. unterschiedliche Preise in unterschiedlichen Ländern)
- zeitlich (z.B. Winterschlussverkauf)
- personenorientiert (z.B. günstigere Preise für besonders gute Kunden)
- mengenorientiert (z.B. 500-g-Packung günstiger als fünf 100-g-Packungen)

Konditionen

Regelungen im Hinblick auf

- Preisnachlässe (Rabatt, Skonto, Bonus),
- Lieferungsbedingungen (z.B. Lieferung frei Haus),
- sonstige Zahlungsbedingungen (z.B. Zahlungsziel, Finanzierungsangebote).

Preisstrategien

Skimming-Strategie (Abschöpfungsstrategie): Ein Produkt wird zunächst mit einem hohen Preis eingeführt, damit dieser später schrittweise gesenkt werden kann. Der Markt wird sozusagen von Anfang an „abgeschöpft" (engl. skimming = abschöpfen).

Penetrationsstrategie (Durchdringungsstrategie): Der Preis für das Produkt wird zu Beginn sehr niedrig gehalten, um eine schnelle Marktdurchdringung und damit einen hohen Marktanteil zu erreichen. Ist dies gelungen, kann der Preis schrittweise erhöht werden (penetrieren = durchdringen, eindringen).

5.3.3 Kommunikationspolitik

Werbung verfolgt das Ziel, die Kaufentscheidung der Kunden für ein Produkt herbeizuführen.

Grundsätze der Werbung

- **Wirksamkeit:** Mit Werbung soll eine Wirkung beim Kunden erzielt werden.
- **Wirtschaftlichkeit:** Das Kosten-Nutzen-Verhältnis der Werbung soll stimmen (→ Werbeerfolgskontrolle).

- **Klarheit:** Dem Kunden soll eine klare Werbebotschaft vermittelt werden.
- **Wahrheit:** Die Werbung soll in ihrer Sachaussage der Wahrheit entsprechen.

AIDA-Formel der Werbewirksamkeit

A	=	Attention	→	Aufmerksamkeit wecken
I	=	Interest	→	für Produkt interessieren
D	=	Desire	→	Besitzwünsche des Kunden wecken
A	=	Action	→	zur Kaufhandlung aktivieren

Werbeplanung

- **Werbeziel:** Was will man mit der Werbeaktion erreichen?
- **Werbeetat:** Wie viel Geld steht für die Werbung zur Verfügung?
- **Zielgruppe:** Welcher Kundenkreis soll angesprochen werden?
- **Werbeobjekt:** Für welches Produkt soll geworben werden?
- **Werbemittel:** Mit welchen Mitteln (verkörperten Werbebotschaften wie Anzeigen, Fernsehspots, Flugblätter, Prospekte, Plakate, Warenproben usw.) soll geworben werden?
- **Werbeträger:** Über welche personellen oder stofflichen Streumittel (z. B. Zeitungen, Zeitschriften, Fernseher, Hörfunk, Litfaßsäulen, Messen) soll die Werbung übermittelt werden?
- **Streugebiet:** In welchem Gebiet soll geworben werden?
- **Streuzeit:** Zu welchen Terminen und wie lange soll geworben werden?
- **Werbeerfolgskontrolle:** Wie viel zusätzlicher Umsatz steht welchen Kosten gegenüber? Wichtig hierbei: Auch der außerökonomische und nicht messbare Werbeerfolg wie etwa Imagegewinn u. Ä. ist zu berücksichtigen.

Werbearten

- **Herstellerwerbung:** Ein Hersteller wirbt für sein Produkt.
- **Einzelhandelswerbung:** Ein Einzelhändler betreibt Werbung für Produkte seines Sortiments.
- **Produktwerbung:** Werbung für ein Produkt
- **Sortimentswerbung:** Werbung für ein ganzes Sortiment oder eine Warengruppe

- **Einführungswerbung:** Werbung bei Neueinführung eines Produkts
- **Expansionswerbung:** Werbung mit dem Ziel, den Umsatz für das Produkt zu steigern
- **Erhaltungs- bzw. Erinnerungswerbung:** Werbung mit dem Ziel, die bisherigen Umsätze beizubehalten
- **Einzelwerbung:** Ein Anbieter wirbt für seine Produkte.
- **Sammelwerbung:** Mehrere Anbieter, deren Firmennamen einzeln aufgeführt werden, werben gemeinsam für ihre Produkte.
- **Gemeinschaftswerbung:** Mehrere Anbieter, deren Firmennamen **nicht** aufgeführt werden, werben für ihre Produkte bzw. ihre Branche.

Sales Promotion

▸ Unter Sales Promotion (Verkaufsförderung) versteht man gezielte Maßnahmen des Herstellers, die unmittelbar am Käufer bzw. Verkäufer direkt am Verkaufsort ansetzen, um den Absatz seiner Produkte zu unterstützen. Maßnahmen der Verkaufsförderung sind z. B. Preisausschreiben, Gutscheinaktionen, Geschmacksproben, günstige Warenplatzierung, Einsatz von Verkaufspropagandisten, Verkäuferschulungen u. Ä.

Public Relations

▸ Public Relations (PR) verfolgt das Ziel, das Image des Unternehmens in der Öffentlichkeit zu verbessern bzw. den guten Ruf und das Ansehen zu erhalten (Öffentlichkeitsarbeit). Hier steht das Unternehmen als Ganzes im Vordergrund und nicht die Absatzsteigerung einzelner Produkte. Maßnahmen im Rahmen der PR eines Unternehmens sind beispielsweise Tage der offenen Tür, Spenden, Sponsoring von Kunst, Kultur und Sportveranstaltungen. Wichtig ist dabei, dass die Ereignisse über die Medien verbreitet werden (Motto: „Tue Gutes und sorge dafür, dass andere darüber reden!“).

5.3.4 Distributionspolitik

▸ Unter den Begriff Distributionspolitik (lat.: distribuere = verteilen) fallen alle Aspekte der Frage, wie ein Produkt physisch, also körperlich vom Hersteller bzw. Händler zum Kunden gelangt. Damit ist vor allem die organisatorische Ausgestaltung des Absatzsystems und die Auswahl der geeigneten Absatzwege gemeint.

Problemkreise der Distributionspolitik

- **Absatzwege:** Auf welchem Weg soll der Absatz des Produkts erfolgen?
  - **direkter Absatz:** Hersteller übernimmt sämtliche Verteilungsfunktionen bis zum Endverbraucher.
  - **indirekter Absatz:** Hersteller verkauft seine Produkte über Absatzmittler wie z.B. den Großhandel und den Einzelhandel.
- **Absatzformen:** Welche Verkaufsorgane sollen beim Absatz des Produkts eingeschaltet werden?
  - Absatz über **unternehmenseigene** (abhängige) **Verkaufsorgane** (z.B. Verkaufsabteilungen, Verkaufsbüros, Verkaufsfilialen, Verkaufsniederlassungen, Außendienstmitarbeiter/Reisende, Auslieferungslager)
  - Absatz über **unternehmensfremde** (unabhängige) **Verkaufsorgane** (z.B. Handelsvertreter, Handelsmakler, Kommissionäre, Einzelhandel, Großhandel)
- **Absatzsysteme:** Von welcher Stelle aus soll der Absatz des Produkts erfolgen?
  - **zentraler Absatz:** Absatz von einer Stelle (Zentrale) aus (z.B. Lieferung ab Fabrik, Lagerverkauf)
  - **dezentraler Absatz:** Absatz von mehreren Stellen aus (z.B. über Verkaufsfilialen, Auslieferungslager)

Nutzung des Internets

- **E-Commerce:** elektronischer Handel, also Anbieten der Ware im Internet (z.B. in Online-Shops)
- **E-Business:** elektronische Abwicklung von Geschäftsprozessen wie Beschaffung und Absatz. E-Business kann also auch E-Commerce beinhalten, E-Commerce ist jedoch nur ein Teilbereich des E-Business.
- **B2C (Business-to-Customer):** Kommunikations- und Geschäftsbeziehungen zwischen Unternehmen und Privatpersonen (Konsumenten, Kunden)
- **B2B (Business-to-Customer):** Kommunikations- und Geschäftsbeziehungen zwischen Unternehmen

5.4 Absatzcontrolling

▶ Absatzcontrolling ist ein System von Maßnahmen, mit dem die Wirkung der Instrumente des Marketing-Mix festgestellt und ggf. korrigiert werden können.

Aufgaben

- Überwachung und Steuerung der Wirksamkeit der Marketing-Instrumente
- Überwachung und Steuerung betriebseigener Marketing-Organe
- Überwachung und Steuerung betriebsfremder Marketing-Organe

Maßnahmen

- Werbeerfolgskontrolle
- Befragungen von Kunden
- Gebietsverkaufstest nach einer Marketing-Aktion
- Erfragung von imagebeeinflussenden Faktoren
- Kennzahlensysteme (z.B. Marktanteil je Produkt, Umsatz je Kunde, Umsatzrentabilität je Produktgruppe)

6 Personalwirtschaft

6.1 Ziele und Aufgaben

Ziele

- **Oberziel:** optimale Nutzung der Ressource Mitarbeiter (→ Optimierung der Arbeitsleistung)
- **Unterziele:**
  - Optimierung der Mitarbeitermotivation und Arbeitszufriedenheit
  - effizienter Einsatz der Mitarbeiter durch Optimierung der Leistungsfähigkeit im Verhältnis zu den Personalkosten

Aufgaben

- Personalbedarfsplanung
- Personalbeschaffung
- Personaleinsatzplanung (Einsatz des Personals nach Qualifikation und Bedarf)
- Personalverwaltung
- Personalführung und -entwicklung
- Arbeitsbewertung und Entlohnung
- Lohn- und Gehaltsabrechnung
- Personalfreisetzung

6.2 Personalbedarfsplanung

Die Personalbedarfsplanung hat die Aufgabe, die Zahl (= **quantitative Personalplanung)** sowie die Anforderungen und den Einsatzort/-zeitpunkt für jetzige und künftige Mitarbeiter (= **qualitative Personalplanung**) festzulegen. Dabei ist sie von einer Vielzahl von unternehmensinternen und unternehmensexternen Einflussfaktoren abhängig:

Unternehmensinterne Einflussfaktoren	Unternehmensexterne Einflussfaktoren
■ jetziger Personalbestand ■ Gewinnerwartungen ■ Absatzplanung ■ Rationalisierungsmaßnahmen ■ Unternehmenspolitik ■ Fehlzeiten und Fluktuation	■ technischer Fortschritt ■ gesamtwirtschaftliche Entwicklungen (Konjunktur, Inflation, Arbeitslosigkeit etc.) ■ staatliche Wirtschafts- und Sozialpolitik (z.B. Steuerrecht, Arbeitsrecht) ■ Tarifvertragsänderungen ■ Nachfrage- und Branchenentwicklung ■ Konkurrenzsituation

Arten des Personalbedarfs

- **Ersatzbedarf** für ausscheidende Mitarbeiter (Fluktuation)
- **Zusatzbedarf** für die Verwirklichung von Kapazitätserweiterungen, z.B. durch neue Ladenflächen
- **Nachholbedarf** für Stellen, die bis zum Zeitpunkt der Personalbeschaffung zwar vorgesehen, aber nicht besetzt sind

Beispiel für eine Personalbedarfsrechnung:	
Soll-Personalbestand	***50***
Abgänge aus Altersgründen:	4
Abgänge durch Schwangerschaften bzw. Elternzeit:	3
sonstige Abgänge (z. B. Kündigungen):	1
Personalbestand nach Abgängen:	***42***
Ersatzbedarf	***8***
– Übernahme von Auszubildenden:	2
+ Zusatzbedarf wegen neuer Filiale:	3
Netto-Personalbedarf (gesamt):	***9***

6.3 Personalbeschaffung

▶ Unter Personalbeschaffung versteht man die Aufgabe des Personalmanagements, die von einem Unternehmen benötigten Arbeitskräfte in qualitativer, quantitativer, zeitlicher und räumlicher Hinsicht zu beschaffen.

Hierbei ist zwischen der **unternehmensinternen** und der **unternehmensexternen Personalbeschaffung** zu unterscheiden.

Unternehmensinterne Personalbeschaffung	Unternehmensexterne Personalbeschaffung
Die frei werdende Stelle wird mithilfe einer internen Stellenausschreibung durch eine Arbeitskraft aus dem eigenen Unternehmen besetzt.	Die frei werdende Stelle wird mit einem externen Bewerber besetzt. Dazu wird eine Stellenanzeige veröffentlicht (z. B. Jobbörse im Internet, Arbeitsagentur).
Vorteile (= Nachteile der externen Personalbeschaffung): ▪ Mitarbeiter sind dem Unternehmen bereits bekannt. ▪ höhere Identifikation mit dem Unternehmen ▪ geringerer Einarbeitungsaufwand ▪ Motivation für Kollegen durch innerbetriebliche Aufstiegsmöglichkeiten	Vorteile (= Nachteile der internen Personalbeschaffung): ▪ große Auswahlmöglichkeit ▪ neue Ideen und Impulse für das Unternehmen ▪ keine innerbetrieblichen Konflikte, wenn es mehrere interne Interessenten für eine Stelle gibt

Ablauf des Auswahlverfahrens

Personalbedarf

▼

Personalanforderung

▼

interne Stellenausschreibung bzw. Stellenanzeige (bei externer Personalbeschaffung) auf der Basis der Stellenbeschreibung (= internes Papier, das den Aufgabenbereich und die damit verbundenen Anforderungen an die Stelle dokumentiert)

▼

Bewertungseingang und erste Vorauswahl

▼

Einladung zum Vorstellungsgespräch (ggf. auch zum Einstellungstest, Assessment-Center)

▼

Entscheidung und Einstellung

Alternative Personalleasing (Zeitarbeit)

Personalleasing-Unternehmen verleihen bei ihnen beschäftigte Arbeitnehmer an ein Unternehmen und schließen mit diesem einen Arbeitnehmerüberlassungsvertrag. Zeitarbeiter bleiben Mitarbeiter des Personalleasing-Unternehmens, arbeiten aber für und auf Anweisung des Entleihers.

6.4 Personalverwaltung

▶ Als Personalverwaltung bezeichnet man die Abwicklung aller routinemäßigen Aufgaben des Personalbereichs:

- **Führen der Personalakte**
  Über jeden Mitarbeiter ist eine Akte zu führen, in der alle Unterlagen, die mit dem Arbeitsverhältnis im Zusammenhang stehen (z.B.

Arbeitsvertrag, Vertragsänderungen, Abmahnungen, Beurteilungen, Zeugnisse, Fortbildungen) aufbewahrt werden. Der Arbeitnehmer hat jederzeit das Recht, seine Personalakte einzusehen.

- **Personaldatenverwaltung**
  Die Personaldaten werden z.B. mittels computerunterstützter Personalinformationssysteme aufbereitet (wobei der Datenschutz stets gesichert sein muss).
- **Personalstatistik**
  Sie dient der Ermittlung von Kennzahlen für den Personalbereich (z.B. Mitarbeiterstruktur geordnet nach Geschlecht, Alter, Gehalts- und Lohnsummen, Fehlzeiten, Fluktuation etc.).
- **Datenschutz**
  Nach dem Bundesdatenschutzgesetz hat jeder Arbeitnehmer das Recht, über eine Speicherung und Weitergabe seiner persönlichen Daten benachrichtigt zu werden. Unzulässig gespeicherte Daten müssen gelöscht, falsche Daten korrigiert werden.

6.5 Personalentwicklung

Berufsausbildung

Die berufliche Erstausbildung findet in der Regel im Rahmen des dualen Systems statt (Betrieb und Berufsschule).

Weiterbildung

- **Anpassungsweiterbildung:** Die Mitarbeiter werden qualifiziert, damit sie trotz veränderter Anforderungen, z.B. Einführung neuer Technologien, im Arbeitsprozess bleiben können.
- **Aufstiegsweiterbildung:** Mitarbeiter, die für höherwertigere Tätigkeiten vorgesehen sind, erwerben zusätzliche Fähigkeiten.
- **Umschulung:** Qualifizierungsmaßnahmen, die zu einer anderen beruflichen Tätigkeit befähigen sollen

Laufbahnplanung

Die Laufbahnplanung ist sinnvoll, wenn höhere Positionen nicht nur durch außerbetriebliche Bewerber, sondern auch durch Betriebsangehörige besetzt werden sollen. Ein wichtiger Bestandteil ist hierbei das

Instrument der Personalbeurteilung. Für die Auswahl geeigneter Führungskräfte wird in einigen Unternehmen auch das Personalauswahlinstrument **Assessment-Center** für eine **Potenzialanalyse** genutzt. Beim Assessment-Center sollen durch geeignete Übungen vor allem die „weichen" Qualifikationen der Bewerber getestet werden (z.B. Führungskompetenz, Methoden- und Sozialkompetenz, Teamfähigkeit).

Betriebliche Beförderung

Wenn ein Mitarbeiter befördert wird, steigt er in der Unternehmenshierarchie auf. Die Möglichkeit einer betrieblichen Beförderung ist u.a. wichtig für die Arbeitsmotivation der Beschäftigten. Der Beförderung geht im Allgemeinen eine Laufbahnplanung voraus.

- **Personalentwicklung on the Job** erfolgt durch Maßnahmen direkt am Arbeitsplatz (z.B. Einweisung direkt am Arbeitsplatz).
- **Personalentwicklung off the Job** erfolgt durch Maßnahmen außerhalb des Betriebes (z.B. Besuch von Seminaren).

Maßnahmen der Arbeitsstrukturierung

▶ Als **Jobenlargement** bezeichnet man eine Arbeitserweiterung in quantitativer Hinsicht. Ein Mitarbeiter führt zusätzliche Tätigkeiten mit demselben Anforderungsniveau durch.

Beispiel: *Ein Sachbearbeiter im Einkauf ist jetzt nicht nur für die Beschaffung der Teilegruppe A, sondern auch für die Teilegruppen B und C zuständig.*

▶ Unter **Jobenrichment** versteht man eine qualitative Arbeitsbereicherung. Die bisherige Tätigkeit eines Mitarbeiters wird um Tätigkeiten auf höherem Anforderungsniveau erweitert.

Beispiel: *Ein Sachbearbeiter im Einkauf konnte bisher bis zu einem Einkaufsvolumen von 10 000,00 EUR selbstständig entscheiden. Preisverhandlungen wurden grundsätzlich vom Einkaufsleiter geführt. Jetzt darf er bis zu einem Betrag von 100 000,00 EUR entscheiden und auch selbstständig Preisverhandlungen durchführen.*

▶ **Jobrotation** ist der systematische Arbeitsplatz- und Aufgabenwechsel.

Beispiel: *Ein Sachbearbeiter im Einkauf wechselt nach einem bestimmten Zeitrhythmus in eine andere Abteilung, z.B. in den Vertrieb.*

▶ Im Rahmen von **Gruppenarbeit** wird eine Arbeitsaufgabe eines Arbeitssystems teilweise oder ganz durch eine Gruppe von Mitarbeitern erfüllt. Gruppenarbeit im engeren Sinn liegt vor, wenn bei einem oder mehreren Ablaufabschnitten gleichzeitig mehrere Menschen am selben

Arbeitsgegenstand zusammenwirken. Die Gruppe ist also für einen abgegrenzten Aufgabenbereich im arbeitsteiligen Produktionsprozess eigenverantwortlich zuständig und kann in diesem Rahmen auch die interne Aufgabenverteilung selbstständig regeln.

Beispiel: *flexible Fertigungsgruppen in der Automobilindustrie (lean production)*

6.6 Gehaltsabrechnung

siehe dazu auch Teil A, Kap. 3.7 Sozialversicherungen

Beispiel: *Arbeitnehmer, 30 Jahre, römisch-katholisch (rk), ledig, keine Kinder (Stand: 01.12.2016)*

Bruttogehalt (z. B. laut Tarifvertrag)	**3 000,00 EUR**
+ **VL-Zulage** Zuschuss des Arbeitgebers zu den vermögenswirksamen Leistungen	**20,00 EUR**
= **steuer- und sozialversicherungspflichtiges Gehalt**	**3 020,00 EUR**
– **Lohnsteuer** (hier: Lohnsteuerklasse I) wird mithilfe der Lohnsteuertabelle ermittelt und richtet sich nach der Steuerklasse und den Kinderfreibeträgen	**455,16 EUR**
– **Solidaritätszuschlag** 5,5 % der Lohn- bzw. Einkommensteuer	**25,03 EUR**
– **Kirchensteuer** (hier: Bayern) Baden-Württemberg, Bayern jeweils 8 % der Lohn- bzw. Einkommensteuer, restliche Bundesländer 9 %	**36,41 EUR**
– **Rentenversicherung** Beitragssatz: 18,7 % → AN-Anteil: 9,35 % Beitragsbemessungsgrenze: 6 200,00 EUR (West); 5 400,00 EUR (Ost)	**282,37 EUR**

– **Arbeitslosenversicherung** Beitragssatz: 3,0 % → AN-Anteil: 1,5 % Beitragsbemessungsgrenze: 6 200,00 EUR (West); 5 400,00 EUR (Ost)	**45,30 EUR**
– **Krankenversicherung** einheitlicher Beitragssatz: 14,6 % des sozialversicherungspflichtigen Gehalts (Allgemeiner Beitragssatz); + kassenindividueller Zusatzbeitrag (Z) der Arbeitnehmer; AN-Anteil = 7,3 % + evtl. Z; AG-Anteil (fixiert) = 7,3 % Beitragsbemessungsgrenze: 4 237,50 EUR (West und Ost) Pflichtversicherungsgrenze: 4 687,50 EUR (West und Ost)	**220,46 EUR**
– **Pflegeversicherung** Beitragssatz: 2,35 % → AN- und AG-Anteil: je 1,175 % Kinderlose zahlen Zuschlag von 0,25 % ohne Arbeitgeberanteil Beitragsbemessungsgrenze: 4 237,50 EUR (West und Ost) Pflichtversicherungsgrenze: 4 687,50 EUR (West und Ost)	**43,04 EUR**
= **Nettogehalt**	**1 912,23 EUR**
– **vermögenswirksame Leistungen** (Sparbeträge des Arbeitnehmers, die vermögenswirksam angelegt werden und z.B. direkt dem Bausparvertrag gutgeschrieben werden)	**40,00 EUR**
= **Überweisungsbetrag**	**1 872,23 EUR**

Lohnsteuerklassen

I ledige, verwitwete, geschiedene, dauernd getrennt lebende Arbeitnehmer

II wie Steuerklasse I, aber mindestens ein Kind im Haushalt

III Verheiratete, Ehegatte nicht berufstätig oder in Steuerklasse V, Verwitwete im Kalenderjahr, das dem Todesjahr des Gatten folgt

IV Verheiratete, beide berufstätig

V Verheiratete, beide berufstätig, Ehegatte in Steuerklasse III

VI für zweite und weitere Lohnsteuerkarte bei mehreren Arbeitsverhältnissen oder wenn die Lohnsteuerkarte dem Arbeitgeber schuldhaft nicht vorgelegt wird

6.7 Personalfreisetzung

siehe dazu auch Teil A, Kap. 3.4.2 Kündigungsschutzgesetz

Mitarbeitern sind beim Ausscheiden folgende **Unterlagen** auszuhändigen:

- Lohnsteuerkarte
- Sozialversicherungsnachweisheft
- Nachweis über Bezüge und darauf abgeführte Beiträge zur Sozialversicherung
- Arbeitsbescheinigung zur Vorlage beim Arbeitsamt (auf Verlangen des Arbeitnehmers)
- Urlaubsbescheinigung über den erhaltenen Urlaub
- Arbeitszeugnis (auf Verlangen des Arbeitnehmers ein qualifiziertes Arbeitszeugnis)

Arten des Arbeitszeugnisses

- **Einfaches Arbeitszeugnis:**

  enthält Angaben über Art und Dauer der Beschäftigung

- **Qualifiziertes Arbeitszeugnis:**

  enthält zusätzliche Aussagen über die Leistung des Mitarbeiters (z. B. „(...) hat die ihm übertragenen Arbeiten stets zu unserer vollsten Zufriedenheit erledigt“) und sein Verhalten (z. B. „Sein Verhalten gegenüber Mitarbeitern und Vorgesetzten war stets tadellos“)

7 Investition und Finanzierung

7.1 Außen-, Innen-, Fremd- und Eigenfinanzierung

Außenfinanzierung: Form der Finanzierung, bei der Kapital von außen in ein Unternehmens fließt (z.B. Aufnahme eines Darlehens, Ausgabe von Aktien)

Innenfinanzierung: Form der Finanzierung, bei der die Kapitalmittel durch den betrieblichen Umsetzungsprozess erschlossen werden (z.B. Einbehalten von erwirtschaftetem Gewinn)

Fremdfinanzierung: Die Finanzierung erfolgt mit Fremdkapital (z.B. Darlehen).

Eigenfinanzierung: Die Finanzierung erfolgt mit Eigenkapital (z.B. Einbehaltung des Gewinns, Ausgabe von Aktien).

Kapital-herkunft	**Außenfinanzierung** (Das Kapital wird von außerhalb zugeführt.)		**Innenfinanzierung** (Das Unternehmen stellt selbst finanzielle Mittel bereit.)	
	Kredite	Einlagen/ Beteiligungen, Ausgabe von Aktien	Selbstfinanzierung: Gewinne werden nicht ausgeschüttet, sondern einbehalten.	Abschreibungsfinanzierung: Abschreibungen werden als Kosten in die Preise einkalkuliert. → Kapitalfreisetzung durch Verkauf der Erzeugnisse
Kapital-zuführung	**Fremdfinanzierung** (durch Fremdkapital)	**Eigenfinanzierung** (durch Eigenkapital)		
		extern		intern

7.2 Kredite, Effektivzinsberechnung

Kredite (im allgemeinen Sprachgebrauch)

- **Geldkredit:** Bankkredit (Darlehen, Kontokorrentkredit)
- **Sachkredit:** Lieferung von Waren und Einrichtungen
- **Liefererkredit:** Der Lieferant gewährt Zahlungsaufschub und gewährt bei vorzeitiger Zahlung Skonto.
- **Kundenkredit:** absatzfördernde Maßnahme des Einzelhändlers (z.B. anschreiben lassen, Kundenkarte, Abzahlungs- und Ratenkauf)

Darlehen

- einmalige Auszahlung einer bestimmten Kreditsumme
- in der Regel befristeter Kredit
- Tilgung nach Tilgungsplan laut Kreditvertrag
- relativ niedriger Zinssatz (niedriger als bei Kontokorrentkredit)
- **Darlehensarten:**
  - **Fälligkeitsdarlehen:** Tilgung Gesamtbetrag auf einmal bei Fälligkeit
  - **Kündigungsdarlehen:** Tilgung Gesamtbetrag auf einmal nach Kündigung
  - **Abzahlungsdarlehen** (Ratendarlehen): Tilgung in Raten
  - **Annuitätendarlehen:** Tilgung in Annuitäten (Annuität = gleichbleibende Summe aus Zins und Tilgung, wobei Zinsanteil kontinuierlich sinkt und der Tilgungsanteil kontinuierlich steigt)

Kontokorrentkredit

- Kredit kann bis zur vereinbarten Höhe beansprucht werden.
- in der Regel unbefristeter Kredit
- schwankender Kreditbetrag
- relativ hoher Sollzinssatz

Beispiel zur Berechnung der Effektivverzinsung bei Darlehen:

Berechnen Sie den Effektivzinssatz für folgendes Kreditangebot über 1 000 000,00 EUR:

Laufzeit 5 Jahre, Disagio 2 % (Auszahlung somit 98 %), 1,5 % Bearbeitungsgebühr von der Darlehenssumme, jährliche Zinszahlungen, Rückzahlung in einer Summe nach sechs Jahren, 6 % p. a. Zinsen.

$$\text{Zinsen (6 J.): } z = \frac{K \cdot p \cdot t}{100 \cdot 360} = \frac{1\,000\,000 \cdot 6 \cdot (5 \cdot 360)}{100 \cdot 360} = 300\,000{,}00 \text{ EUR}$$

Damnum (Abzug vom Nettowert eines Darlehens) = 2 % von 1 000 000,00 EUR =	20 000,00 EUR
Bearbeitungsgebühr = 1,5 % von 1 000 000,00 EUR =	15 000,00 EUR
Kosten insgesamt = z =	335 000,00 EUR

$$\text{Effektiver Zinssatz } p = \frac{z \cdot 100 \cdot 360}{K \cdot t} = \frac{335\,000 \cdot 100 \cdot 360}{(1\,000\,000 - 35\,000) \cdot (5 \cdot 360)} =$$

<u>6,94 %</u> eff. Zinssatz

7.3 Kreditsicherung

Neben dem Kreditnehmer als Hauptschuldner können weitere Personen oder Sachen als Sicherheit dienen.

Personalsicherheiten (Absicherung durch andere Personen)

- **Bürgschaft:** Ein Dritter haftet durch die Abgabe eines Bürgschaftsversprechens für die Verbindlichkeiten des Kreditnehmers.
- **Garantie:** Zusätzlich zur Person des Kreditnehmers übernimmt eine andere Person (Garant) unabhängig vom Bestehen einer Zahlungsverpflichtung die Gewährleistung für einen zukünftigen Erfolg.
- **Schuldübernahme:** Eine weitere Person neben dem Kreditnehmer tritt als Gesamtschuldner auf. Die Haftungsverpflichtung ist stärker als bei einer Bürgschaft, da der Kreditgeber im Außenverhältnis sich den Schuldner aussuchen kann.

Realsicherheiten (Absicherung in Form von Sachen)

- **Eigentumsvorbehalt:** Die Vertragsklausel „Die Ware bleibt bis zur vollständigen Bezahlung unser Eigentum" soll den Verkäufer schützen. Der Käufer wird Besitzer, der Verkäufer bleibt Eigentümer, bis die Ware vollständig bezahlt ist.
- **Grundpfandrecht:** Durch Einigung und Eintragung einer Grundschuld in das Grundbuch wird zugunsten des Gläubigers ein Pfandrecht an einer unbeweglichen Sache bestellt. Dies gibt dem Gläubiger das Recht, auf Zwangsvollstreckung des verpfändeten Grundstücks zu klagen, wenn der Kredit nicht fristgerecht zurückgezahlt wird.
- **Faustpfand (Lombardkredit):** Verfügt der Kreditnehmer über hochwertige und wertbeständige bewegliche Sachen (z. B. Schmuck, Edelmetalle) oder Wertpapiere, so können diese als Kreditsicherung dienen. Der Kreditnehmer bleibt zunächst Eigentümer, der Besitz geht an den Kreditgeber über. Der Kreditgeber kann bei Fälligkeit der Schuld (= Pfandreife) das Pfand nach Androhung und Fristsetzung öffentlich versteigern lassen (bei Markt- oder Börsenpreis auch verkaufen).
- **Sicherungsübereignung:** Zur Absicherung eines Kredites wird vereinbart, dass Sachen aus dem Vermögen des Kreditnehmers in das Eigentum des Kreditgebers übergehen. Der Kreditnehmer bleibt weiterhin Besitzer der Sache.
- **Forderungsabtretung (Zession):** Der Kreditnehmer überträgt Forderungen an Dritte vertraglich an den Kreditgeber, um damit seinen erhaltenen Kredit zu sichern (z. B. Lohn- und Gehaltsabtretung).

7.4 Leasing

- **Sonderform der Fremdfinanzierung**
- **kein Geld-, sondern ein Sachkredit** (vergleichbar mit dem Mieten bzw. Pachten)
- **Ablauf:** Der Vermieter (besser: Leasinggeber) übergibt dem Leasingnehmer ein Anlagegut (beispielsweise eine Produktionsmaschine, ein Fahrzeug oder einen Computer) und gewährt ihm während der

vereinbarten Zeit die Nutzung der geleasten Sache. Im Gegenzug muss der Leasingnehmer hierfür ein **entsprechendes Entgelt (Leasingrate)** zahlen. Die Höhe der Leasingrate hängt in der Regel vom Wert des Leasinggutes und seiner Nutzungsdauer ab. Nach Ablauf der Leasinglaufzeit muss der Leasingnehmer das geleaste Gut an den Leasinggeber zurückgeben, den Leasingvertrag verlängern oder das Leasinggut kaufen.

Vergleich Kreditkauf – Leasing

Kreditkauf	Leasing
▪ Aufnahme eines Geldkredits ▪ Zahlung von Kreditraten und Zinsen bis zum Ablauf der Kreditlaufzeit ▪ Erlangung des Eigentums am (kreditfinanzierten) Vermögensgegenstand (Abschreibungsmöglichkeiten)	▪ Aufnahme eines Sachkredits ▪ Zahlung von Leasingraten (quasi wie Mietzahlung), in der Regel Rückgabe des Leasinggegenstandes am Ende der Laufzeit ▪ Leasinggeber bleibt während der Laufzeit Eigentümer des Vermögensgegenstandes (Abschreibungsmöglichkeiten entfallen, aber Leasinggebühren können als Aufwand gebucht werden).

7.5 Factoring

▶ Beim Factoring kauft **der Factor**, in der Regel eine **Factoring-Gesellschaft** (Factoring-Bank), Forderungen eines Unternehmens (Klient genannt) auf und bevorschusst sie. Der Factor übernimmt die Eintreibung der Forderungen beim Kunden und übernimmt damit

- die Finanzierung,
- die Debitorenbuchhaltung,
- das Inkasso,
- das Mahnwesen und
- das Delkredere (Kreditrisiko).

Dafür verrechnet er

- die marktüblichen Zinsen aus der bereitgestellten Finanzierungssumme (falls Zahlung bevorschusst wurde),
- eine Delkrederegebühr und
- eine Factoring-Gebühr.

7.6 Unternehmenskrise, Zahlungsunfähigkeit, Insolvenz

Von einer **Unternehmenskrise** wird dann gesprochen, wenn das Unternehmen Zahlungsschwierigkeiten hat, also nicht mehr liquide ist, und der Fortbestand der Unternehmung in Gefahr ist.

Erste **Anzeichen** einer Unternehmenskrise sind drastische **Umsatzrückgänge, rückläufige Gewinne und steigende Verschuldung**.

Ursachen der Unternehmenskrise	
innerhalb des Unternehmens	außerhalb des Unternehmens
• Organisationsmängel (zu hohe Kosten im Verwaltungsbereich, unausgelastete Mitarbeiter) • Umstellung des Produktionsapparates und damit verbundener Kostenaufwand • verfehlte Produktpolitik • Anschluss an technischen Fortschritt verpasst • schlechte Personalpolitik • zu hohe Privatentnahmen	• schlechte Konjunkturlage → allgemeiner Auftragsrückgang • Verschärfung der Konkurrenz → Preisverfall bei fast allen Produkten • Verknappung/Verteuerung von Rohstoffen • Einbußen durch wirtschaftspolitische Maßnahmen (Strukturwandel)

Mögliche Maßnahmen in einer Unternehmenskrise		
Sanierung	**Liquidation**	**Insolvenz**
• **stille Sanierung** Verbesserung der Unternehmenssituation durch organisatorische, technische und personelle Maßnahmen • **offene Sanierung** Verbesserung der Unternehmenssituation durch Zuführung von Eigenkapital durch die Unternehmenseigner	Auflösung eines Unternehmens durch Teilveräußerung bzw. Veräußerung der Unternehmung als Ganzes aus persönlichen Gründen (z. B. Alter, Krankheit, Ausscheiden eines Gesellschafters, Erbauseinandersetzungen) und/oder aus sachlichen Gründen (z. B. verschärfter Wettbewerb, Struktur- und Konjunkturkrisen, Nichterreichen der Unternehmensziele)	gerichtliche Lösung bei Zahlungsunfähigkeit oder Überschuldung des Schuldners nach dem Insolvenzverfahren gemäß Insolvenzordnung

Unternehmensinsolvenz

Eröffnungsantrag:
Amtsgericht prüft Antrag und eröffnet bzw. verweigert das Insolvenzverfahren.

→ **Abweisung mangels Masse:**
wenn das Vermögen des Schuldners kleiner ist als die Kosten des Verfahrens

Eröffnungsbeschluss bei:
- Zahlungsunfähigkeit des Schuldners
- drohender Zahlungsunfähigkeit
- Feststellung der Überschuldung

↓

Wirkung der Insolvenzeröffnung:
- Recht des Schuldners, das zur Insolvenzmasse gehörende Vermögen zu verwalten und über es zu verfügen, geht auf den Insolvenzverwalter über.
- Gläubiger müssen ihre Forderungen schriftlich anmelden.

↓

Abwicklung des Insolvenzverfahrens:
- Veröffentlichung des Eröffnungsbeschlusses
- detaillierte Erfassung des Ist-Zustandes des Unternehmens (unter anderem Vermögensgegenstände, Gläubigerverzeichnis)
- Kündigung von Verträgen, Durchführung von Prozessen
- Verwertung des Unternehmensvermögens durch Verkauf bzw. Versteigerung
- Schlussverteilung der Insolvenzmasse nach festgelegter Reihenfolge
- Festlegung einer Insolvenzquote

Das Gesetz zur Vereinfachung des Insolvenzverfahrens vom 13.04.2007 erleichtert die Fortführung des Unternehmens im Eröffnungsverfahren und fördert die selbstständige Tätigkeit des Schuldners.

Insolvenzplanverfahren

- Das Insolvenzplanverfahren ist als Alternative zum Insolvenzverfahren zu sehen.
- Es verfolgt in erster Linie das Ziel, den Erhalt des Unternehmens zu ermöglichen.

- Mittel zur Sanierung eines Unternehmens, abweichend von den Vorschriften der Insolvenzordnung
- Wesentliche Entscheidungen werden durch die Gläubiger getroffen.
- Rechtsstellung des Schuldners wird gestärkt.
- Insolvenzverwalter erstellt Insolvenzplan, der beinhaltet, dass
  - die Insolvenzgläubiger auf einen Teil ihrer Forderungen verzichten (Vergleich),
  - die Gläubiger dem Schuldner ihre Forderungen stunden (Stundungsvergleich).

Verbraucherinsolvenz

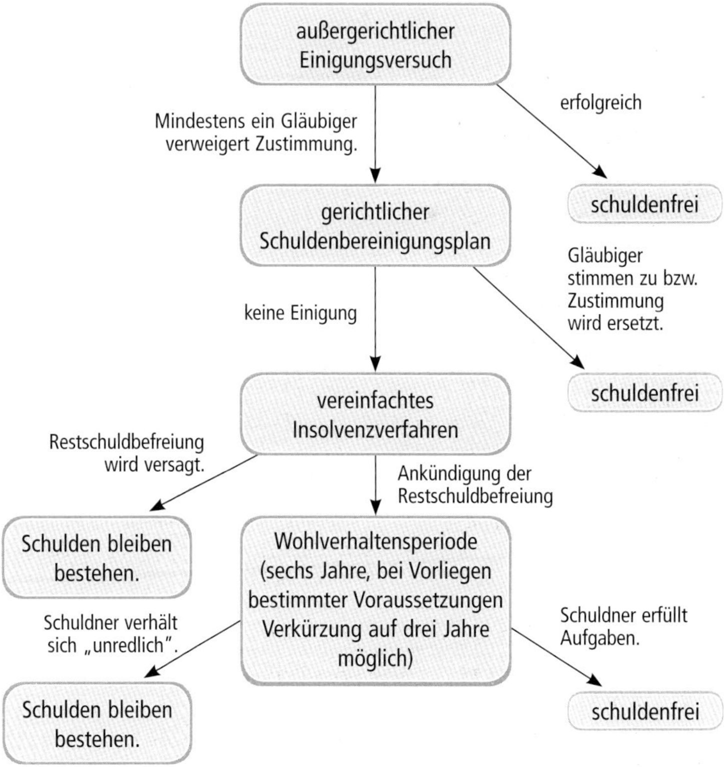

C Büroprozesse

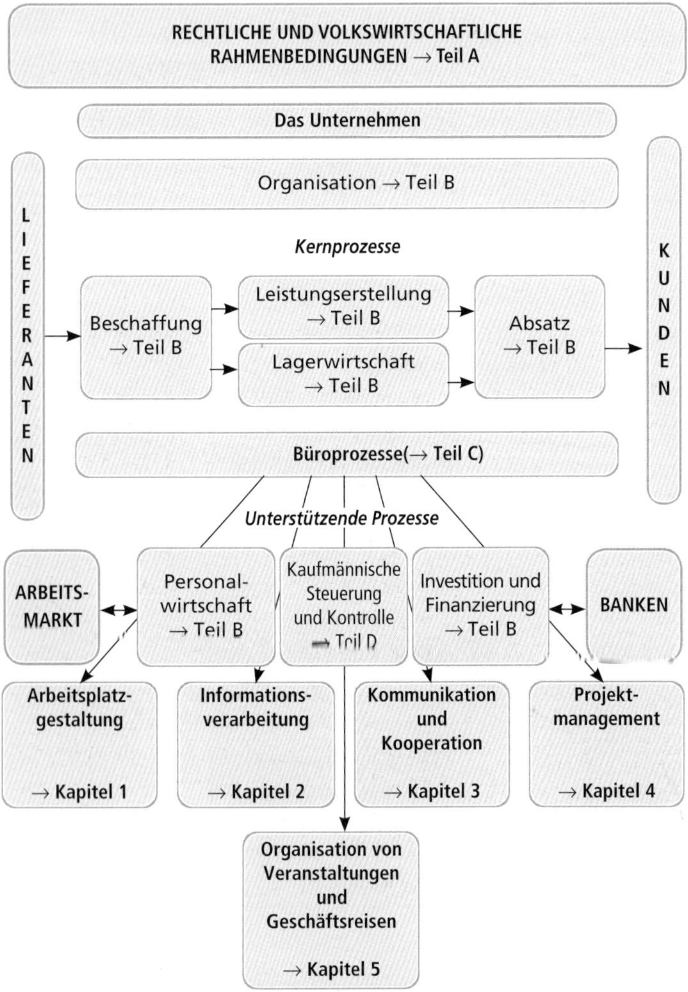

1 Arbeitsplatzgestaltung

siehe dazu auch Teil A, Kap. 4.1 Sicherheit und Gesundheitsschutz bei der Arbeit

Ergonomie am Arbeitsplatz

Ziel der Ergonomie ist es, die Arbeitsbedingungen, die Arbeitsmittel und den Arbeitsablauf so zu gestalten, dass die Arbeitsergebnisse optimiert und die gesundheitlichen Belastungen der arbeitenden Menschen minimiert werden. Arbeitsplätze sollen so gestaltet sein, dass ein effizientes und fehlerfreies Arbeiten sichergestellt werden kann und dass die Menschen auch bei langfristiger Ausübung einer Tätigkeit vor Gesundheitsschäden geschützt sind.

Anforderungen an Büromöbel

Materialien	▪ ökologische Aspekte berücksichtigen (z. B. schonende Entsorgung) ▪ wiederverwertbare Materialien bevorzugen
Farbgebung	▪ dezent (keine grellen und aufdringlichen Farben) ▪ Einfluss auf Stimmung und Leistungsfähigkeit berücksichtigen
Bürostuhl	▪ Sitzhöhe verstellbar ▪ auf Rollen fahrbar (5 Sicherheitsrollen) ▪ höhenverstellbare, federnde Rückenlehne ▪ Sitztiefeneinstellung ▪ leichte Polsterung ▪ abgerundete Kanten
Organisationsschreibtisch (genormt)	▪ Maße: 160 × 80 × 72 cm bzw. 120 × 80 × 72 cm ▪ Vorrichtungen: Schublade mit Teleskopschienen, Ausziehplatte, hängende Registratur
Büromaschinentisch	▪ Maße: 160 × 60 × 65 cm bzw. 120 × 60 × 65 cm ▪ höhenverstellbar ▪ Fußstütze

Anforderungen an einen Bildschirmarbeitsplatz

- Bildschirm sollte blend-, flimmer- und reflexionsfrei sowie strahlungsarm und schwenkbar nach allen Seiten und Höhen sein.
- Standort des Bildschirms sollte so gewählt sein, dass die Blickrichtung parallel zur Fensterfläche und der Beleuchtung verläuft.
- Sehabstand zum Bildschirm: i. d. R. 50–70 cm (je nach Bildschirmgröße)
- möglichst breiter, höhenverstellbarer Arbeitstisch ohne Unterbauten (ca. 1,5 m breit, 90 cm tief und 72 cm hoch)

Richtig sitzen

Ergonomie am PC-Arbeitsplatz

1) Die oberste Bildschirmzeile sollte leicht unterhalb der waagerechten Sehachse liegen.

2) Tastatur und Maus befinden sich in einer Ebene mit Ellenbogen und Handflächen.

3) 90° Winkel zwischen Ober- und Unterarm sowie Ober- und Unterschenkel

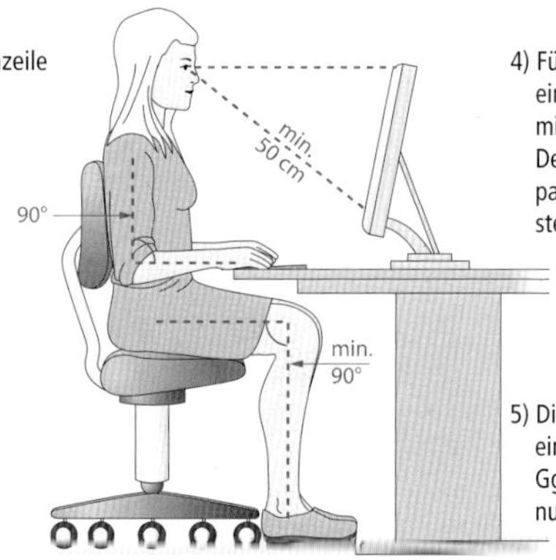

4) Für den Monitor gilt ein Sichtabstand von mindestens 50 cm. Der Bildschirm sollte parallel zum Fenster stehen.

5) Die Füße benötigen eine feste Auflage. Ggf. Fußhocker nutzen.

Varianten der Raumaufteilung

Raumform	Vorteile	Nachteile
Kleinraumbüro (ca. 15–20 m²)	■ konzentriertes Arbeiten ■ vertrauliche Gespräche möglich	■ kein direkter Kontakt zu Kollegen
Mehrpersonenraum (ca. 10 m² pro Person)	■ Teamarbeit gut möglich ■ bessere Raumnutzung ■ Ablage und Akten können von mehreren Mitarbeitern genutzt werden	■ Besucher und Telefonate stören ■ Beleuchtung und Belüftung problematisch
Großraumbüro (ca. 8 m² pro Person) Variante: Raum-in-Raum-System (Aufteilung in kleine Räume durch Trennwände, Schränke und Regale)	■ reibungsloser Arbeitsfluss ■ schnelle Kommunikation ■ optimale Raumnutzung	■ erhöhter Lärmpegel ■ Konzentrationsstörungen ■ fehlende Rückzugsmöglichkeiten ■ Licht- und Luftverhältnisse sowie Akustik und Klimatisierung bereiten Schwierigkeiten

Raumklima im Büro

Die relative Luftfeuchtigkeit hat einen hohen Einfluss auf die Atemwege. Ist die Luftfeuchtigkeit zu niedrig, wird auf Dauer der Feuchtigkeitsgehalt der Lunge zu niedrig, Schleimhäute und Bronchien trocknen aus und es kommt zu Atemwegserkrankungen.

Die Luftfeuchtigkeit sollte daher zwischen 40 und 60 % liegen. Dies erreichen Sie durch:

- großblättrige Pflanzen
- Luftbefeuchter
- Wasserbehälter

Strategien zur Bewältigung von psychischen Belastungen

Belastungsfaktoren

- Arbeitsaufgabe (z. B. Arbeitsmenge, Termindruck, notwendige Entscheidungen ohne ausreichende Informationsgrundlage)

- Organisationsstrukturen (z. B. unklare Kompetenzregelungen, strukturelle Veränderungen)
- soziale Verhältnisse (schlechtes Betriebsklima, konfliktbeladenes Verhältnis zu Vorgesetzten und/oder Kollegen, Mobbing)

Werden die Belastungsfaktoren nicht bewältigt, droht im schlimmsten Fall der „Burnout".

▶ Unter dem **Burn out-Syndrom** (engl. to burn out = ausbrennen) versteht man den Zustand ausgesprochener emotionaler Erschöpfung mit stark reduzierter Leistungsfähigkeit. Psychologen sprechen in diesem Zusammenhang auch von einer Erschöpfungsdepression.

Maßnahmen zur Stressbewältigung

- Belastungsfaktoren möglichst reduzieren bzw. beseitigen (ggf. mithilfe des Betriebsrates)
- Einüben und regelmäßiges Praktizieren von Entspannungstechniken (z. B. autogenes Training, progressive Muskelentspannung nach Jacobson, Yoga, Meditation)
- regelmäßiger Ausdauersport (senkt nachweislich das Stresshormon Cortisol)
- gesunde, ausgewogene Ernährung
- Rauchen und übermäßigen Alkoholgenuss vermeiden
- Schaffung einer Work-Life-Balance

Work-Life-Balance

▶ Unter der **Work-Life-Balance** versteht man einen Zustand, in dem Arbeits- und Privatleben miteinander im Einklang stehen.

Ziel des von Nossrat Peseschkian entwickelten Modells ist es, die vier Lebensbereiche Leistung/Arbeit, Familie/Freunde, Sinn/Spiritualität und Körper/Gesundheit so auszubalancieren, dass sie in einem ausgewogenen Verhältnis zueinander stehen. Wird dieses Gleichgewicht durch Probleme in einem der vier Bereiche gestört, wirkt sich dies zwangsläufig auch auf die übrigen drei Lebensbereiche aus.

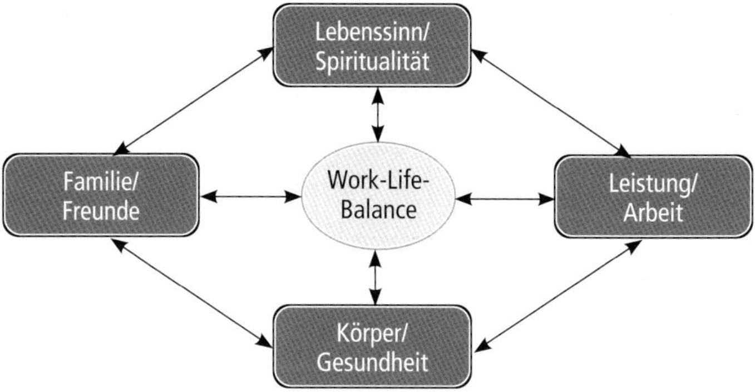

2 Informationsverarbeitung

2.1 Informationen beschaffen und auswerten

Für ein erfolgreiches Bestehen in der heutigen Berufswelt ist es wichtig, sich Informationen zu beschaffen und diese sinnvoll auswerten zu können. Dies ist gerade für Mitarbeiter im Büromanagement eine wichtige Schlüsselqualifikation.

Informationen beschaffen

Unternehmensinterne Informationsquellen	Unternehmensexterne Informationsquellen
▪ Lieferantendatei (Produkte, Dienstleistungen) ▪ Kundendatei (Privatkunden, Firmenkunden) ▪ Artikeldatei (genaue Daten einzelner Produkte) ▪ Verkaufsstatistik (z. B. Daten über die Umsätze der einzelnen Waren und Warengruppen) ▪ Auswertung von Kundengesprächen ▪ Intranet	▪ Produktinformationen der Hersteller ▪ Fachzeitschriften und Fachbücher ▪ Beobachtung und Analyse der Konkurrenz ▪ Internet ▪ Messen und Ausstellungen (z. B. Consumenta in Nürnberg) ▪ Behörden (z. B. Bundeswirtschaftsministerium) ▪ Kammern (z. B. Industrie- und Handelskammer)

Unternehmensinterne Informationsquellen	Unternehmensexterne Informationsquellen
	▪ Verbände (Arbeitgeberverbände, Gewerkschaften) ▪ statistische Ämter (z. B. Statistisches Bundesamt) ▪ unabhängige Institute (z. B. Gesellschaft für Konsumforschung GfK in Nürnberg) ▪ Universitäten und Fachhochschulen

Informationsquelle Internet

- Das Internet ist ein weltweites Kommunikations- und Informationsnetz.
- Es ermöglicht die Datenkommunikation zwischen einem Unternehmen und anderen Wirtschaftsteilnehmern.
- Es kann multimediale Dokumente (Texte, Grafiken, Bilder, Musik, Videos) übertragen.
- Web-Dokumente können mittels eines Web-Browsers (z. B. Internet Explorer, Google Chrome) aufgerufen und geöffnet werden.
- Internet-Dokumente werden in der Sprache HTML erstellt.
- Für den Internetzugang wird ein Provider (z. B. T-Online, Vodafone, O2) benötigt.

Wichtige Internetdienste

- World Wide Web (WWW)
- E-Mail
- Newsgroups
- Chat
- Skype (Chat, Telefonie und Videos)
- VoIP (Voice over Internet Protocol; Telefonie via Internetinfrastruktur)
- RSS-Feeds (aktuelle Nachrichtendienste)
- soziale Netzwerke (z. B. Facebook, Twitter)
- YouTube (Videoportal)

Nutzung einer Suchmaschine

Eine Vielzahl von Suchmaschinen (z. B. Google, Yahoo, Lycos, Bing etc.) hilft dem Anwender, in den riesigen Informationsbeständen des Internets die benötigten Daten zu finden.

Eine Suchmaschine wird wie folgt genutzt:

1. Eingabe des Suchbegriffs (auch in Form einer Frage) bzw. der Suchkriterien in das vorgesehene Texteingabefenster
2. Optionen eingeben bzw. „erweiterte Suche" nutzen (z. B. nur deutschsprachige Seiten; nur Seiten, die im letzten Monat aktualisiert wurden etc.)
3. Suche absenden
4. Suche weiter eingrenzen bzw. Informationen auswählen

Intranet

Das Intranet

- basiert auf der Internettechnologie,
- kann sich in einem lokalen Netzwerk ohne Internetanbindung befinden,
- kann auch als geschlossenes Netzwerk im Internet genutzt werden,
- bietet nur einem bestimmten Kreis von autorisierten Nutzern (= Nutzer mit Zugangsdaten) einen Zugang über
  - https-Verbindungen (sichere http-Verbindungen, mittels Zertifikat abgesicherte Webseite),
  - VPN-Verbindungen (Dazu wird über das Internet mittels einer Drittsoftware, eines VPN-Clients, eine gesicherte Verbindung zu einem Firmennetzwerk hergestellt. Von nun an kann der Anwender das Firmennetzwerk nutzen, als würde der PC im Unternehmen stehen.).

Informationen verarbeiten

Wie können aus einem Sachtext die wichtigsten Informationen herausgearbeitet werden?

das Wichtigste unterstreichen
(Kernbegriffe, Wortgruppen, Sätze)

Zweck:
- intensiveres Lesen des Textes
- besseres Verständnis
- Hervorheben der wichtigsten Inhalte beschleunigt das Erfassen des Inhalts bei erneutem Lesen.

den Inhalt möglichst knapp herausschreiben (exzerpieren)
→ **Exzerpt**

Verfahren:
- Text lesen und markieren
- sinnvolle Abschnitte bilden
- Sätze mit den Kernaussagen des Abschnittes formulieren

Markierungsregeln[1]

1. Arbeitsmittel bereitlegen
2. Text grob überlesen
3. wichtige Stellen zunächst mit Bleistift unterstreichen
4. Schlüsselbegriffe herausfinden und mit gelbem Textmarker markieren
5. Nebeninformationen mit dünnem, rotem Stift markieren
6. Schlüsselbegriffe geordnet auf gesonderten Zettel schreiben und überprüfen, ob damit die wichtigsten Informationen abgerufen werden können

Kriterien für die Auswahl von Quellen

- Aktualität
- sachliche Richtigkeit bzw. Vollständigkeit
- Objektivität
- Verfügbarkeit
- Urheberrecht
- Datenschutz

---

[1] *nach Klippert, Heinz: Methodentraining, Weinheim und Basel, Beltz Verlag, 1996, S. 107*

2.2 Postbearbeitung

Posteingang

- Postempfang: Zustellung durch Post/Postdienst oder Abholung aus Postfach
- Postvollmacht: Berechtigung für den Empfänger, gewöhnliche Postsendungen entgegenzunehmen
- Post vorsortieren (Geschäftspost, Privatpost, evtl. Irrläufer)
- Post öffnen (mit Briefmesser oder automatischer Brieföffnermaschine) und Inhalte entnehmen
- Anlagen kontrollieren
- Posteingangsstempel (Tagesstempel)
- Post feinsortieren und weiterleiten

Postausgang

- Kontrolle: Vollständigkeit der Anlagen, Unterschrift
- Trennen von Original und Kopien
- zusammentragen (z. B. Preislisten)
- sortieren (z. B. Gewicht, Versandart)
- falzen, adressieren, kuvertieren, verschließen, wiegen
- festlegen der Versendungsform (z. B. normaler Brief, Einschreiben, Express-Sendung, Luftpost, Eilzustellung international, mit Transportversicherung)
- frankieren und versenden

2.3 Terminplanung und -überwachung

Terminarten

Nach der Flexibilität	▪ feste Termine (z. B. Jubiläum, Steuerzahlung) ▪ variable Termine (z. B. Besprechungstermine)
Nach der Priorität	▪ dringende Termine (z. B. Zahlung einer bereits gemahnten Rechnung) ▪ wichtige Termine (z. B. Verhandlung über Großauftrag) ▪ zukunftsentscheidende Termine (z. B. Vorstellungsgespräch)

Nach den Fristen	- kurzfristige Termine (Planungszeitraum: Tage, Wochen) - mittelfristige Termine (Planungszeitraum: Monate, Quartale, Halbjahr) - längerfristige Termine (Planungszeitraum > ½ Jahr) - langfristige Termine (Planungszeitraum: mehrere Jahre)

Hilfsmittel der Terminplanung

- **Terminkalender** (Jahres-, Monats- und Tageskalender als Wand-, Tisch- oder Taschenkalender)
- **Terminplaner** (Jahresübersicht als Wandkalender)
- **Terminmappe** (für jeden laufenden Monat, zur Aufbewahrung von Schriftstücken zur Wiedervorlage)
- **Terminkartei** (für jeden Tag und Monat eine Karte)
- **Planungstafel** (Terminübersicht über Planungsperiode mittels Magnet- oder Stecktafel)
- **elektronischer Terminkalender** (z. B. mithilfe der Software Outlook, die auch mit Handy oder PDA synchronisiert werden kann)

Planungsgrundsätze

Die „ALPEN"-Methode schlägt fünf Schritte zur Terminplanung (insbesondere Tagesplanung) vor:

- **A**ufgabe, Aktivität bzw. Termin aufschreiben (To-do-Liste)
- **L**änge (Zeitbedarf) der Aufgabe schätzen
- **P**ufferzeit für Unvorhergesehenes einplanen
- **E**ntscheidungen über Prioritäten, Delegationsmöglichkeiten u. Ä. treffen
- **N**achkontrolle, welche Aufgaben erledigt wurden bzw. auf den nächsten Tag übertragen werden müssen

Pareto-Prinzip

Das auf den italienischen Ökonomen Vilfredo Pareto zurückzuführende Pareto-Prinzip besagt, dass mit 20% Zeitaufwand 80% der Ergebnisse erzielt werden können, wenn die richtigen Schwerpunkte gesetzt werden. Es ist also wichtiger, die richtige Arbeit zu tun, als irgendeine Arbeit „richtig" zu tun.

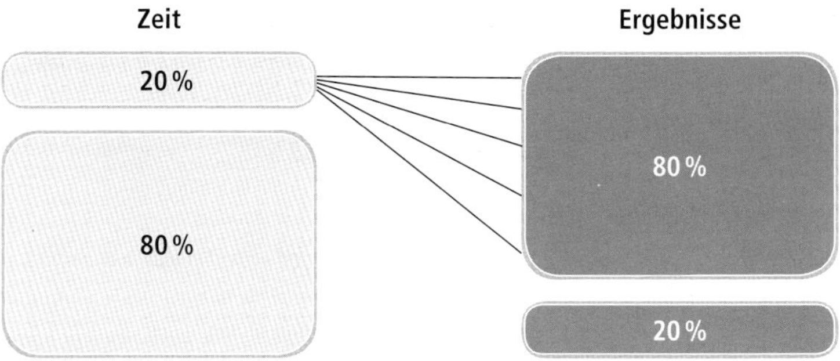

Pareto-Prinzip

ABC-Analyse nach dem Eisenhower-Prinzip

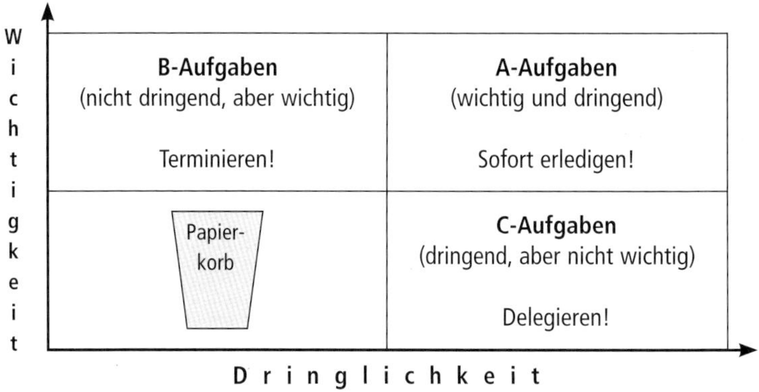

2.4 Arbeit mit Vordrucken

Vordrucke, die in digitaler Form vorliegen, können dazu beitragen, den Geschäftsverkehr wesentlich rationeller zu gestalten.

Argumente für den Einsatz von Vordrucken

- deutlich verkürzte Bearbeitungszeit (60 %-80 % weniger Zeit)
- Sicherstellung der vollständigen Informationsangabe

- optimierte Steuerung des Informationsflusses (durch festgelegten Verteiler)
- vereinfachte Sortierung und Auswertung (durch einheitliches Layout)

Beispiele für Vordrucke	
intern	extern
Telefonnotiz	Kurzbrief
Dienstreisegenehmigung	Faxvordruck
Reisekostenabrechnung	Quittung
Materialentnahmeschein	Bestellung
Wareneingangsmeldung	Rechnung
interne Mitteilung	Lieferschein

Anforderungen an Vordrucke

- vollständige Informationsangabe in sinnvoller Reihenfolge
- gut verständliche und schnell erfassbare Informationen
- schnelle Bearbeitung durch passende, sinnvoll angeordnete Leittexte
- Aufbau des Vordrucks entspricht dem Arbeitsablauf.
- Reduktion des einzugebenden Textes durch die Verwendung von Auswahlkästchen
- normkonforme Gestaltung nach DIN-Normen (DIN 4988, DIN 1421, DIN 676)

2.5 Protokollführung

Ein Protokoll hat den Zweck, die Ergebnisse einer Sitzung/Tagung festzuhalten. Je nach Umfang unterscheidet man zwischen dem Verlaufsprotokoll, in dem der vollständige Ablauf der Sitzung dargestellt wird, und dem Ergebnis- bzw. Beschlussprotokoll, in dem nur die wesentlichen Entscheidungen zusammengefasst sind. In der betrieblichen Praxis hat sich das Ergebnis- bzw. Beschlussprotokoll weitgehend durchgesetzt.

Wesentliche Inhalte des Protokolls:

- Titel der Veranstaltung (z. B. Verkaufsleitertagung)
- Datum und Ort der Veranstaltung
- Beginn und Ende der Veranstaltung

- Angaben über Teilnehmer und Leiter der Sitzung sowie ggf. über Moderatoren und Referenten
- Teilnehmerliste und ggf. von Teilnehmern unterschriebene Anwesenheitsliste
- Ergebnisse wie Beschlüsse, Lösungsansätze, geplante Vorgehensweisen, zu erledigende Aufgaben mit Angabe der Verantwortlichen etc.
- Unterschriften des Sitzungsleiters und des Protokollführers
- Verteilerliste der Personen, die das Protokoll in Kopie erhalten sollen

2.6 Registraturarbeiten

Aufbewahrungsfristen

- **Tageswert** (z. B. Wurfsendungen wie Werbeprospekte): keine Aufbewahrung
- **Prüfwert** (z. B. Angebote ohne Auftragsfolge): betriebliche Aufbewahrung einen Monat bis drei Jahre
- **Gesetzeswert** (z. B. Belege, Bilanz): Aufbewahrung je nach gesetzlicher Vorschrift sechs bis zehn Jahre
- **Archivwert** (z. B. Gesellschaftsvertrag, Gründungsakten): unbegrenzte Aufbewahrung

Aktenformen

- **Einzelakte:** Schriftgut einzelner Vorgänge
- **Sammelakte:** Schriftgut vieler gleichartiger Vorgänge

Ablagetechniken

- **Loseblattablage:** Schriftgut wird lose in die Behälter eingelegt (z. B. Hängeregister).
- **Geheftete Ablage:** Schriftgut wird gelocht und abgeheftet (z. B. Stehordner).
- **Gebundene Ablage:** Schriftgut wird wie ein Buch gebunden.

Registraturformen

- liegende Ablage (Behälter liegen waagerecht aufeinander in einem Fach): + preisgünstig, – schwerfällig, – fehlende Übersicht
- stehende Ablage (Stehordner, Stehsammlerablage): + gute Übersicht, + sicher, + preiswert, + schneller Zugriff, – hoher Raumbedarf, – ungenutzter Raum bei halb vollen Ordnern, – unflexibel
- hängende Ablage (Hängeregistratur, Pendelregistratur): + übersichtlich, + flexibel, + ideale Loseblattablage, – hohe Beschaffungskosten, – großer Raumbedarf
- Sonderform Mikrografie (Originalschriftstücke werden fotografisch stark verkleinert auf einen Film – z. B. Rollfilm, Jackets, Mikrofiche, COM – aufgenommen): + große Platzersparnis, – hoher Aufwand

Standort der Registratur

- zentrale Ablage: + Einsatz von geschultem Personal und modernen Hilfsmitteln, + Vermeidung von Mehrfachablagen, – lange Wege für Mitarbeiter, die Unterlagen benötigen
- dezentrale Ablage: + Akten sind für Sachbearbeiter direkt zugänglich, + kurze Transportwege, – Mehrfachablagen

2.7 Datenschutz

Der betriebliche Datenschutz umfasst alle Maßnahmen von Unternehmen zum Schutz personenbezogener Daten vor Missbrauch bei Übertragung, Weitergabe und Zugriff.

Gesetzliche Grundlage

Das Bundesdatenschutzgesetz regelt die Erhebung, Verarbeitung und Nutzung von personenbezogenen Daten. Es dient dem Schutz des einzelnen Bürgers vor Missbrauch persönlicher Daten. Zu den personenbezogenen Daten gehören:

- Einzelangaben über persönliche Verhältnisse wie Alter, Bildung, Krankheiten
- Daten über sachliche Verhältnisse von natürlichen Personen wie Vermögen oder Schulden

Datengeheimnis

Allen Personen, die Zugriff auf personenbezogene Daten haben, sind die unbefugte Nutzung und Weitergabe dieser Daten untersagt.

Rechte der betroffenen Bürger

- **Auskunft** über Art und Zweck der gespeicherten Daten
- **Berichtigung** von falsch gespeicherten Daten
- **Löschung** von unzulässig gespeicherten Daten

3 Kommunikation und Kooperation im Büro

3.1 Grundlagen der Kommunikation

Die menschliche Kommunikation ist sehr vielschichtig und komplex. Hinzu kommt, dass viele Kommunikationsvorgänge unbewusst ablaufen. **Paul Watzlawick** bringt dies wie folgt auf den Punkt: „Man kann nicht nicht kommunizieren."

Oftmals resultieren Kommunikationsstörungen daraus, dass die Kommunikationspartner aneinander vorbeireden, d. h., auf unterschiedlichen Kommunikationsebenen miteinander kommunizieren. Die Lösung dieser Kommunikationsstörungen kann dadurch gelingen, dass man sich die unterschiedlichen Aspekte der kommunizierten Botschaft bewusst macht. Zur Kommunikationsdiagnose kann das Modell von **Friedemann Schulz von Thun** dienen.

Kommunikationsmodell nach Schulz von Thun („Die vier Seiten einer Nachricht")

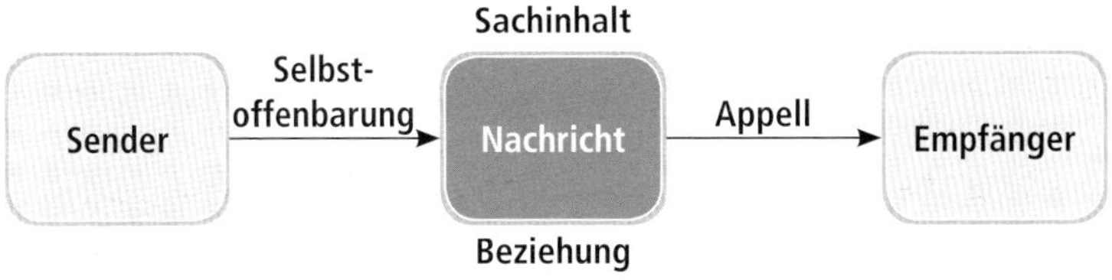

- **Sachinhalt:** Wie ist der Sachinhalt zu verstehen?
- **Selbstoffenbarung:** Was ist das für einer? Was ist mit ihm?
- **Beziehung:** Wie redet er mit mir? Was hält er von mir?
- **Appell:** Was erwartet er von mir? Was soll ich seiner Meinung nach tun, denken, fühlen?

Beispiel:
Chef: „Finden Sie nicht, dass Sie Defizite im Umgang mit dem PC haben?"

– Sachinhalt: Sie haben Defizite im Umgang mit dem PC.
– Selbstoffenbarung: Ich bin enttäuscht von Ihren Fähigkeiten.
– Beziehung: Ich halte Sie für einen unfähigen Auszubildenden.
– Appell: Tun Sie etwas gegen Ihre Defizite im Umgang mit dem PC!

Welchen der vier Aspekte der Empfänger nun auswählt, um darauf zu reagieren, ist seine freie Wahl. Reagiert er auf einen Aspekt, den der Sender gar nicht kommunizieren wollte, können Konflikte entstehen. Für das obige Beispiel könnte das heißen: Der Chef will den Appell-Aspekt betonen, der Auszubildende hört aber vor allem einen vermeintlichen Beziehungsaspekt und reagiert beleidigt. Dies interpretiert wiederum der Chef als Weigerung, seinen Appell ernst zu nehmen.

Feedbackregeln

Gelungene Kommunikation lebt davon, dass sich die Kommunikationspartner auch hin und wieder ein offenes Feedback geben. Beim Geben und Empfangen von Feedback ist allerdings eine Reihe von Regeln zu beachten.

Feedbacknehmer	Feedbackgeber
Vorgehensweise: 1. Hören Sie aufmerksam zu und unterbrechen Sie den Feedbackgeber nicht. 2. Verteidigen und rechtfertigen Sie sich nicht, sondern lassen Sie das Feedback auf sich wirken. 3. Machen Sie sich – auch als Zeichen der Wertschätzung für den Feedbackgeber – Notizen, wenn das Feedback etwas ausführlicher ist. 4. Fragen Sie nach, wenn Sie etwas nicht verstehen.	Vorgehensweise: 1. Vergewissern Sie sich, ob Ihr Gegenüber für ein Feedback bereit ist. 2. Beschreiben Sie Ihre subjektiven Wahrnehmungen konkret, nachvollziehbar und ohne Wertung als Ich-Botschaften. 3. Äußern Sie auch Ihre Gefühle. 4. Äußern Sie höflich und klar, kurz und bündig Ihre Wünsche für das Verhalten des Feedbacknehmers.

Feedbacknehmer	Feedbackgeber
Wichtig: ■ Prüfen Sie, ob Sie für ein Feedback bereit sind. ■ Nutzen Sie die Chance zu erfahren, wie Sie auf andere wirken. ■ Seien Sie dankbar für ein Feedback! Sehen Sie es als Möglichkeit, sich selbst weiterzuentwickeln.	Wichtig: ■ Geben Sie nur ein Feedback, wenn Ihr Gegenüber auch dazu bereit ist. ■ Schauen Sie Ihrem Gegenüber beim Geben des Feedbacks in die Augen. ■ Verletzen Sie niemals das Selbstwertgefühl des Feedbacknehmers.

3.2 Führungsstile und Management-Prinzipien

Führungsstile

Merkmal	Autoritärer Führungsstil	Kooperativer Führungsstil
Grundidee	Mitarbeiter sind dem Vorgesetzten untergeordnet. Der Vorgesetzte ordnet an.	Vorgesetzter und Mitarbeiter sind Partner. Der Vorgesetzte koordiniert.
Chancen	■ klare Entscheidungsbefugnisse ■ schnelle Entscheidungen ■ hohe Arbeitsproduktivität bei Routineaufgaben	■ sachgerechte und ausgewogene Entscheidungen ■ Einflussmöglichkeiten motivieren Mitarbeiter. ■ gutes Arbeitsklima
Gefahren	■ Fehlentscheidung ■ Motivationsverlust bei Mitarbeitern aufgrund fehlender Einflussmöglichkeiten ■ schlechtes Arbeitsklima durch Unzufriedenheit	■ langwierige Entscheidungsprozesse ■ Qualifizierte und damit teurere Mitarbeiter sind Voraussetzung. ■ Bereitschaft der Mitarbeiter notwendig, eine höhere Verantwortung zu tragen
Anforderungen an die Führungskraft	■ Entscheidungsfähigkeit ■ Durchsetzungsvermögen ■ Selbstverantwortung	■ Vertrauen in die Mitarbeiter ■ Fähigkeit und Bereitschaft, Aufgaben und Verantwortung zu delegieren

Der autoritäre und kooperative Führungsstil sind die beiden Extremformen der Führungsstile. In der Praxis findet man häufig Mischformen, bei denen z. B. je nach Aufgabe autoritär oder kooperativ geführt wird.

Management-Prinzipien

- **Management by objectives** (Führung durch Zielvorgabe): Vorgesetzte und Mitarbeiter erarbeiten eine Zielvereinbarung. Die Mitarbeiter versuchen, das Ziel eigenständig umzusetzen.
- **Management by exception** (Führung nach dem Ausnahmeprinzip): Der Vorgesetzte greift nur ein, wenn Abweichungen vom Gesamtziel oder Probleme von herausragender Bedeutung auftreten.
- **Management by delegation** (Führung durch Aufgabendelegation): Ein Aufgabenbereich wird mit Kompetenz und Verantwortung an den Mitarbeiter übertragen.

3.3 Teamarbeit

Typische Phasen der Teamentwicklung

Orientierung („forming")
höfliches, distanziertes, unpersönliches und vorsichtiges gegenseitiges Abtasten

↓

Konflikt („storming")
Ich-Orientierung, unterschwellige Konflikte, Rollenfindung, Cliquenbildung

↓

Organisation („norming")
Festlegung der Rollen, Wir-Orientierung, konstruktive Kritik, Kooperation

↓

Integration („performing")
Zusammenarbeit ist geprägt von Ideereichtum, Hilfsbereitschaft; Team arbeitet effizent.

Regeln für die erfolgreiche Teamarbeit

- Die Ziele der Teamarbeit und die Vorgehensweise werden gemeinsam festgelegt.
- Die zu bewältigenden Aufgaben werden fair auf alle Gruppenmitglieder verteilt.
- Jedes Teammitglied bringt sich aktiv und konstruktiv in die Teamarbeit ein.
- Alle Teammitglieder werden laufend über den Stand der Arbeit informiert.
- Jedes Teammitglied hält sich an getroffene Absprachen.
- Jedes Teammitglied übernimmt Verantwortung für das Erreichen des Gruppenergebnisses.
- Jedes Teammitglied bringt seine Meinung offen ein und akzeptiert die Meinung der anderen Teammitglieder. Gehen die Meinungen auseinander, versuchen alle Teammitglieder einen gemeinsamen Kompromiss zu finden.
- Konstruktive Kritik ist erwünscht, wird sachlich geäußert, ohne einzelne Teammitglieder persönlich anzugreifen oder deren Selbstwertgefühl zu verletzen.
- Treten im Team Spannungen auf, hat die Auflösung des Konflikts Vorrang vor der zu bewerkstelligenden Arbeit (Konfliktmanagement).

Konfliktmanagement

Konfliktursachen klären

⇩

Konfliktparteien benennen

⇩

Maßnahmen zur Konfliktbehandlung ergreifen

Konfliktursachen

- Kommunikationsprobleme (→ Teil C, Kap. 3.1)

Das Eisbergmodell: Das Entscheidende passiert unter der Oberfläche!

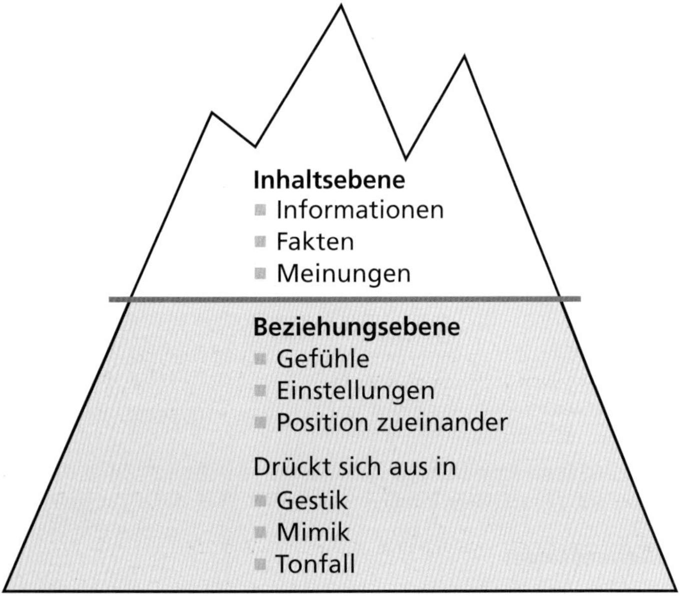

- Hierarchiekonflikte (z. B. Machtkämpfe zwischen Mitarbeitern)
- Verteilungskonflikte (z. B. Konflikt um Verteilung von Ressourcen)
- Kooperations- und Koordinationskonflikte (z. B. Anweisungen unterschiedlicher Führungskräfte widersprechen sich)
- persönliche und soziale Konflikte (z. B. Rollenkonflikt eines neuen Vorgesetzten mit seinen ehemaligen Kollegen)
- Wertekonflikte (z. B. Kollegen haben unterschiedliche Vorstellungen von Ordnung am Arbeitsplatz)

Konfliktparteien

Konfliktparteien können einzelne Personen, Personengruppen (z. B. ein Projektteam), Abteilungen oder das Unternehmen als Ganzes sein.

Maßnahmen zur Konfliktprävention

- Beachtung der Regeln der Teamarbeit (s.o.)
- klare Einhaltung von gemeinsam getroffenen Vereinbarungen
- Kompromissbereitschaft trainieren und praktizieren
- potenzielle Konfliktursachen bei Personalauswahl und Teamzusammenstellungen berücksichtigen

Maßnahmen zur Konfliktbehandlung (Konfliktlösungsstrategien)

Führen von Konfliktgesprächen mit dem Ziel, Einsichten zu vermitteln und eine Verhaltensänderung der Konfliktparteien zu erreichen:

1. Schritt: Wahrnehmung des Konflikts durch möglichst genaue Definition der Streitpunkte

↓

2. Schritt: gemeinsame Identifikation der Problemursachen

↓

3. Schritt: gemeinsame Diskussion von Lösungsmöglichkeiten

↓

4. Schritt: zeitlich und inhaltlich konkrete Festlegung von Zielen und Maßnahmen zur Konfliktlösung als Ergebnis eines gemeinsamen Kompromisses der Konfliktparteien

Im Fall von schwerwiegenden Konflikten empfiehlt es sich einen neutralen, evtl. sogar unternehmensexternen Moderator einzuschalten.

Konfliktgespräch führen

1. Konflikt offen ansprechen
   (Ich-Botschaften statt Du-Botschaften: „*Ich persönlich sehe das so, dass …*“; „*In meiner Wahrnehmung …*“)
2. eigenes Ziel kommunizieren
   (konkret, positiv, realistisch: „*Ich möchte …*“)
3. Sichtweise/Ziel des anderen erfragen
   (andere Perspektive in jedem Fall akzeptieren: „*Was möchtest Du?*“, „*Wie siehst Du das?*“, „*Was sagst Du dazu?*“)
4. gemeinsames Ziel bzw. Kompromiss suchen
   („*Wie könnte ein Kompromiss zwischen uns aussehen?*“, „*Was verbindet uns?*“, „*Über welches gemeinsame Ziel sind wir uns einig?*“)
5. Kriterien für Zielerreichung definieren
   („*Woran werden wir erkennen, dass wir unser Ziel erreicht haben?*“)
6. mögliche Probleme/Hindernisse ansprechen
   („*Was könnte schiefgehen?*“, „*Was ist, wenn …?*“)
7. verbindliche Vereinbarungen treffen
   (konkret, detailliert, messbar, zeitlich befristet)

3.4 Präsentationstechnik

Zehn Tipps für eine gelungene Präsentation

1. Beginnen Sie rechtzeitig mit der Vorbereitung. Extremer Zeitdruck führt zu unnötigem Stress in der Phase der Vorbereitung.
2. Gehen Sie positiv mit Lampenfieber um und nutzen Sie es. Nur wenn Adrenalin uns puscht, können wir Höchstleistungen vollbringen. Wer Lampenfieber verspürt, hat es leichter, zu überzeugen. Die besten Schauspieler haben vor jedem Auftritt Lampenfieber. Je besser Sie vorbereitet sind, umso schneller wird sich das Lampenfieber legen, wenn Sie einmal mit der Präsentation begonnen haben.

3. Sprechen Sie möglichst frei. Schreiben Sie sich nur die wichtigsten Stichworte leicht lesbar und klar gegliedert auf:
   - Vorstellung des Themas und Einführung
   - Abschnitte voneinander abgrenzen, z. B. erstens, zweitens ...
   - Schlussteil als Zusammenfassung oder Abrundung
4. Ein Bild sagt mehr als tausend Worte. Wählen Sie daher zur Auflockerung geeignetes Anschauungsmaterial aus:
   - Bilder (Fotos, Schaubilder, Grafiken, Statistiken u. Ä.)
   - falls möglich: Gegenstände zum Zeigen und Anfassen
5. Achten Sie auf Ihre Körpersprache. Stellen Sie sich nicht mit dem Rücken zu den Zuhörern, indem Sie Ihren Blick auf die Projektionsfläche richten. Achten Sie auf eine aufrechte Körperhaltung. Die Hände sollten sich oberhalb der Gürtellinie befinden. So können Sie das Gesagte auch mit Gesten unterstützen.
6. Suchen Sie stets den Blickkontakt zu den Zuhörern. Auch wenn Sie eine längere Stelle vorlesen, blicken Sie öfter von Ihrem Manuskript auf.
7. Sprechen Sie langsam und deutlich. Passen Sie die Lautstärke der Größe des Zimmers bzw. des Saales an.
8. Setzen Sie Ihre Sprache gezielt ein. Versuchen Sie an wichtigen Stellen Ihres Referats Lautstärke und Sprechtempo zu verändern (Modulation und Intonation). Streuen Sie gezielt Pausen als rhetorisches Mittel ein.
9. Formulieren Sie in kurzen und klaren Sätzen. Versuchen Sie nicht, Ihren Dialekt zu verstecken. Eine gewisse Färbung durch den Dialekt ist bestimmt kein Nachteil. Vermeiden Sie aber zu viele umgangssprachliche Formulierungen.
10. Üben Sie Ihre Präsentation ein. Es ist auch ein wirksames Mittel gegen zu viel Nervosität und Lampenfieber, wenn Sie zu Hause bereits das Referat mithilfe Ihrer Stichworte frei vortragen. Lassen Sie eine Stoppuhr mitlaufen, damit Sie den zeitlichen Rahmen gut einschätzen können.

Zehn Grundregeln für Präsentationen mit PowerPoint

1. Vermeiden Sie Fließtext (ganze Sätze) auf den PowerPoint-Folien.
2. Arbeiten Sie mit maximal sieben Stichpunkten pro Folie.
3. Achten Sie auf eine ausreichende Schriftgröße, damit die Lesbarkeit auch für die hinteren Reihen gewährleistet ist (mindestens Arial 20 pt).
4. Bauen Sie den Inhalt der Folie schrittweise auf. Visualisieren Sie niemals mehr als drei Gedanken/Aspekte gleichzeitig.
5. Auch hier gilt: Ein Bild sagt mehr als tausend Worte. Nutzen Sie jede Möglichkeit, Ihre Ausführungen mit Bildern und Grafiken zu veranschaulichen.
6. Gestalten Sie ein einheitliches Design (Hintergrund, Layout, Folienübergänge). Denken Sie daran, dass der Hintergrund – wie der Name schon sagt – im Hintergrund stehen sollte.
7. Wählen Sie die Farbkontraste so, dass der Text auch an der Projektionsfläche gut lesbar ist.
8. Entscheidend ist der Inhalt Ihrer Präsentation. Alles, was vom Inhalt ablenkt, wirkt unprofessionell. Vermeiden Sie deshalb zu aufwendige Animationseffekte.
9. Die Reihenfolge Ihrer Folien sollte den logischen Aufbau Ihres Vortrags widerspiegeln. Im Idealfall haben Sie für jeden Gliederungspunkt eine Folie.
10. Der Inhalt der PowerPoint-Folien stellt lediglich die Kerngedanken Ihres Vortrags dar. Die Stichpunkte auf den Folien werden erst durch Ihre Ausführungen mit Leben gefüllt. Ein PowerPoint-Vortrag darf niemals aus dem reinen Ablesen der Folien bestehen.

3.5 Verbale und nonverbale Gesprächsführung

Bedeutung der Sprache

Die Sprache stellt ein sehr wirksames Instrument dar. Mit ihrer Hilfe können z. B. Kunden positiv beeinflusst und zum Kaufabschluss gebracht oder der Ablauf von Preisverhandlungen mit Lieferanten gewinnbringend gestaltet werden.

Einflussfelder der Sprachwirkung

Die richtige Stimmführung beeinflusst unbewusst die Gefühle des Gesprächspartners.

Elemente der Stimmführung:

- **Klangfarbe:** Passen Sie den Klang an den Sprechinhalt an (warme, freundliche, teilnehmende, keine aufdringliche Stimme).
- **Aussprache und Lautstärke:** Sprechen Sie deutlich mit mittlerer Lautstärke und vermeiden Sie es, zu flüstern oder zu schreien.
- **Modulation:** Betonen Sie wichtige Begriffe und vermeiden Sie eine monotone Sprachmelodie, die den Gesprächspartner langweilt.
- **Sprechgeschwindigkeit:** Sprechen Sie nicht zu schnell und achten Sie auf Pausen.
- **Wortschatz und Satzbau:** Versuchen Sie sich einen umfangreichen Wortschatz anzueignen. Dieser ermöglicht es Ihnen, Ihre Argumente anschaulicher und überzeugender vorzutragen. Vermeiden Sie Floskeln und Redensarten ohne Aussage. Bilden Sie kurze, aber vollständige Sätze und vermeiden Sie Wort- und Satzfetzen.

Nonverbale Kommunikation

Die Körpersprache wirkt wie die Stimmführung unbewusst auf die Gefühle des Gesprächspartners. Sie hat einen sehr großen Einfluss darauf, wie wir von unseren Mitmenschen wahrgenommen werden.

Zur nonverbalen Kommunikation gehören die folgenden Elemente:

- **Mimik:** Achten Sie auf Ausdrucksbewegungen von Augen, Stirn, Nase und Mund. Signalisieren Sie Offenheit durch ein freundliches Lächeln. Halten Sie Blickkontakt mit dem Gesprächspartner.
- **Gestik:** Verdeckte Hände in den Hosentaschen können negativ wirken. Vor der Brust verschränkte Arme erscheinen oft als Abwehrhaltung. Signalisieren Sie Zustimmung durch Nicken, fühlt sich ihr Gegenüber verstanden.
- **Körperhaltung:** Eine offene Körperhaltung signalisiert Zuwendung, Offenheit, Interesse für den Gesprächspartner.
- **Distanz:** Achten Sie auf das natürliche Distanzbedürfnis Ihres Gegenübers. Ein Abstand unter 50 cm gilt als vertraulich. Bei einem Abstand von 1-3 m fühlen wir uns bei Gesprächen mit Fremden wohler.

Aktives Zuhören

Aktives Zuhören deutet der Gesprächspartner als Interesse und Zuwendung. Signale, die positiv gedeutet werden, sind z. B.:

- sich Zeit nehmen und Nebentätigkeiten beenden (auch bei der Kommunikation am Telefon!)
- Zuhörsignale wie Blickkontakt, zustimmendes Nicken, offene Körperhaltung
- zustimmende Äußerungen und offene Fragen zur Bedarfsermittlung
- Gesprächspartner mit Namen ansprechen
- Gefühle des Gegenübers aufnehmen und wiedergeben
- auf Argumente des Gesprächspartners eingehen
- den Gesprächspartner nicht unterbrechen, sondern ausreden lassen

Gesprächsführung in Geschäftsverhandlungen

Gesprächsatmosphäre

Sorgen Sie für eine angenehme Gesprächsatmosphäre. Insbesondere bei umfangreicheren Verhandlungen mit Geschäftskunden spielt auch die Raumgestaltung des Besprechungsraumes sowie die Bewirtung eine Rolle.

Plus-Minus-Technik

Versuchen Sie stets beide Seiten der Medaille zu betrachten. Aufgeführten Nachteilen, also Minuspunkten sind stets zahlreiche Vorteile (Pluspunkte) gegenüberzustellen oder umgekehrt. Es werden also auch die Gegenargumente zur eigenen Auffassung gewürdigt. Die Vor- und Nachteile werden so aufgelistet und wiedergegeben, dass die Betrachtung zwar objektiv klingt, die eigene Argumentationsschiene aber dennoch durch die geschickte Darstellung und Gewichtung der eigenen Argumente überzeugender erscheint.

Win-win-Strategie

Vergegenwärtigen Sie sich, dass es letztlich darum geht, eine Win-win-Situation zu schaffen. Die Win-win-Strategie, auch als Doppelsieg-Strategie bekannt, hat das Ziel, dass alle Beteiligten und Betroffenen einen Nutzen erzielen. Diese Strategie ist eher auf nachhaltigen Erfolg und auf langfristige Zusammenarbeit, als auf kurzfristigen Gewinn ausgerichtet. Die Verhandlungspartner respektieren sich gegenseitig, versuchen, alle

Interessen ausreichend zu berücksichtigen, und letztlich ein Ergebnis zu erzielen, dass alle Beteiligten als Gewinn empfinden.

Techniken in der Gesprächsführung mit Kunden

Sie-Stil

Die Verwendung der Worte „Sie", „Ihr", „Ihre", „Ihnen" stellt einen Bezug zum Kunden her und fördert so die Wirksamkeit kundenbezogener Verkaufsargumente (z. B. „... damit können Sie ...", „... das erleichtert Ihnen ...", „... das bedeutet für Sie ...").

Vorteilsformulierungen

Vorteilsformulierungen sind Formulierungen im Sie-Stil. Sie weisen durch die Verwendung eines Tätigkeitswortes den Kunden auf den individuellen Produktnutzen hin und stellen einen Erlebnisbezug her.

Drei Schritte der Verkaufsargumentation		
Produktmerkmal	Produktvorteil	Produktnutzen und Erlebnisbezug
Beispiel: *„Der Schreibtisch ist elektrisch höhenverstellbar."*	***Beispiel:*** *„Der Schreibtisch ermöglicht eine schnelle Umstellung auf ein Arbeiten im Stehen."*	***Beispiel:*** *„Sie werden keine Rückenbeschwerden mehr haben."*

Fragetechnik

Offene Fragen	▪ werden in ganzen Sätzen beantwortet und liefern für das Verkaufsgespräch wichtige Informationen. ▪ beginnen häufig mit den Fragewörtern wer, wie, was, wann, warum (W-Fragen). ***Beispiel:*** *„Wie kann ich Ihnen helfen?"*
Geschlossene Fragen	▪ ermöglichen dem Kunden nur wenige und kurze Antworten. ▪ sind geeignet, um das Verkaufsgespräch zu einem Abschluss zu bringen. ***Beispiele:*** *„Kann ich Ihnen helfen?", „Sie entscheiden sich also für diesen Staubsauger?"*

Suggestivfragen	■ dienen zur gezielten Beeinflussung des Kunden. ■ sollen den Verkaufsvorgang beschleunigen. ■ haben in der Regel auch einen rhetorischen Charakter (d. h., der Kunde kann nur zustimmen). ***Beispiel:*** *„Da nehmen Sie wohl lieber die ordentliche Lösung statt so eines billigen Notbehelfs, oder?"*
Alternativfragen	■ fordern den Kunden auf, sich für eine von mehreren Möglichkeiten zu entscheiden. ■ werden hauptsächlich eingesetzt, um einen Kaufabschluss herbeizuführen. ***Beispiel:*** *„Soll der Schreibtisch manuell oder elektrisch höhenverstellbar sein?"*
Rhetorische Fragen	■ sind Fragen, auf die keine Antwort erwartet wird, da diese bereits feststeht. ■ sollen beim Kunden Interesse und Spannung hervorrufen. ***Beispiel:*** *„Sie wollen doch sicher ein Notebook, das nicht schon in zwei Jahren wieder veraltet ist?"*

Umgang mit Kundeneinwänden

- Bleiben Sie ruhig und gelassen.
- Hören Sie aktiv zu und lassen Sie den Kunden ausreden.
- Betrachten Sie Kundeneinwände als Fragen. Fragen werden beantwortet und nicht widerlegt.
- Signalisieren Sie Verständnis für den Kundeneinwand.
- Analysieren Sie die Ursachen für den Kundeneinwand.
- Vermeiden Sie Rechthaberei und direkten Widerspruch.
- Stimmen Sie dem Kunden so weit wie möglich zu.
- Ja-aber-Methode: Der Verkäufer zeigt zunächst Verständnis und stimmt dem Kunden scheinbar zu. Anschließend wird versucht, den Einwand durch die geschickte Formulierung eines Vorteils zu entkräften.

- Umkehr-Methode (Bumerang-Methode): Der Verkäufer wandelt den Einwand des Kunden in ein Verkaufsargument um, welches den Kundennutzen betont.
- Gegenfrage-Methode: Der Kunde wird durch eine Gegenfrage aufgefordert, seine Bedenken offen zu äußern und seinen Einwand zu präzisieren. Der Verkäufer gibt also den Kundeneinwand als Frage zurück.

Umgang mit Beschwerden und Reklamationen

Beschwerden/Reklamationen als Chance

Kundenbeschwerden helfen Ihnen, innerbetriebliche Missstände zu erkennen und zu beseitigen. Sie sind eine Chance zur Qualitätssteigerung, Kundenbindung und zur Gewinnung neuer Kunden.

Reklamationen sollten deshalb kundenorientiert abgewickelt werden.

Abwicklung der Beschwerde/Reklamation

- Vermeiden Sie peinliches Aufsehen. Bitten Sie den Kunden in ein Büro oder einen ruhigen Nebenraum ohne weitere Zuhörer oder Zuschauer.
- Geben Sie dem Kunden die Möglichkeit, sein Anliegen in Ruhe zu schildern. Hören Sie ihm dabei aufmerksam zu und zeigen Sie Verständnis.
- Prüfen Sie jede Beschwerde unvoreingenommen und sorgfältig nach und suchen Sie gemeinsam mit dem Kunden nach einer Lösung.
- Beachten Sie auch die rechtliche Situation. Wer hat den Mangel verursacht? Erfolgt die Reklamation innerhalb der gesetzlichen Gewährleistungsfristen oder der vertraglichen Garantiezeiten?
- Erfüllen Sie den Kundenwunsch, wenn die Reklamation berechtigt ist, bedanken Sie sich für das Verständnis des Kunden und entschuldigen Sie sich.
- Ist die Reklamation des Kunden nicht berechtigt, dann erklären Sie ihm freundlich, warum Sie seinen Wunsch ablehnen. Prüfen Sie, ob evtl. dennoch ein Entgegenkommen Ihres Unternehmens aus Gründen der Kulanz möglich ist.

Siehe dazu auch Teil A, Kap. 2.6.2 Schlechtleistung (mangelhafte Lieferung).

3.6 Kreativitäts- und Bewertungstechniken

Kreativitätstechniken

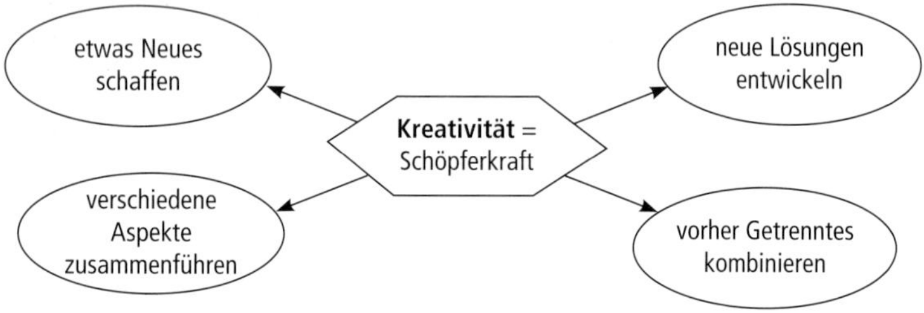

Die im Folgenden dargestellten Kreativitätstechniken legen ihren Schwerpunkt auf unterschiedliche Facetten der Kreativität. Während es bei manchen Methoden im Vordergrund steht, neue Ideen zu entwickeln (z. B. Brainstorming, Brainwriting, Methode 635), geht es bei anderen vor allem darum, Ideen zu ordnen und eine Struktur zu schaffen (z. B. Mindmapping, Concept-Mapping, morphologischer Kasten).

Brainstorming

- optimale Gruppengröße: fünf bis sieben Personen
- Moderator bestimmen, der Ideen schriftlich festhält
- keine Kritik!
- Quantität vor Qualität: möglichst viele Ideen sammeln. Es gibt weder abwegige noch unwichtige Ideen!
- Teilnehmer inspirieren sich gegenseitig und spinnen fremde Ideen weiter.

Brainwriting

- Brainstorming in schriftlicher Form
- Ideen werden nicht in den Raum gerufen, sondern von den Teilnehmern schriftlich festgehalten (z. B. schreiben alle gemeinsam auf ein DIN-A3-Blatt).
- Vorteil: Zurückhaltende Teilnehmer können sich besser einbringen.

Methode 635

- Variante des Brainwriting
- sechs Teilnehmer, drei Ideen, fünf Minuten (→ 635)
- Nach 5 Minuten werden Ideenblätter im Uhrzeigersinn weiter gegeben → Teilnehmer lesen jeweils neue Ideen und inspirieren sich so gegenseitig.
- bei konsequenter Umsetzung 108 Ideen in 30 Minuten

Mindmapping

Eine Mindmap (= Gedächtnislandkarte) dient dem Erschließen und Visualisieren eines Themengebietes. Mithilfe dieser Kreativitätstechnik können die Gedanken geordnet und eine thematische Übersicht erstellt werden. Da die Mindmap von innen nach außen entwickelt wird und eine feste Reihenfolge fehlt, können die Assoziationen frei fließen, die Gedanken können sich also frei entfalten. Ziel ist es u.a., beide Hirnhälften zu aktivieren. Die Mindmap kann daher nicht nur Text, sondern auch Grafiken, Symbole und Bilder enthalten.

Beispiel für eine Mindmap

Concept-Mapping

Wissen wird beim Concept-Mapping als ein vernetztes System eng zusammenhängender Begriffe gesehen. Concept-Mapping dient weniger als Instrument zum Produzieren von Ideen, sondern vor allem als Hilfe zum übersichtlichen Zusammenfassen von komplexen Sachverhalten bzw. zum Strukturieren von Begriffen. Ein wesentlicher Unterschied zum Mindmapping ist die zusätzliche Möglichkeit, die Pfeilverbindungen unterschiedlich zu definieren (z. B. „besteht aus", „unterteilt sich in" u. Ä.).

Beispiel für eine Concept-Map

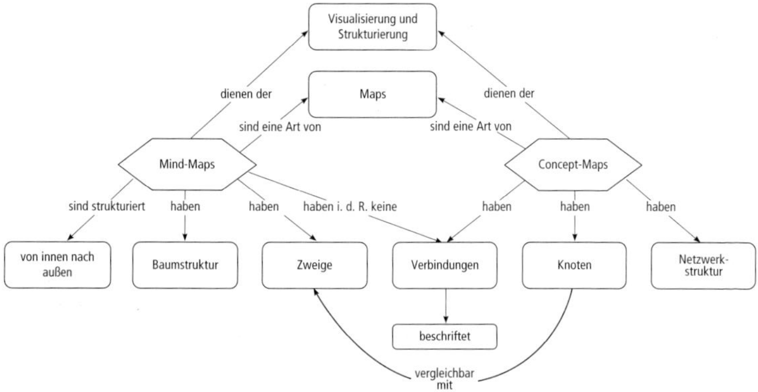

Morphologischer Kasten

- Für eine Fragestellung werden die bestimmenden Merkmale (= Attribute, Faktoren, Parameter, Dimensionen) festgelegt und untereinander geschrieben.
- Die Merkmale sollen voneinander unabhängig und im Hinblick auf die Aufgabenstellung auch umsetzbar sein.

- Zu jedem Merkmal werden alle möglichen Ausprägungen des jeweiligen Merkmals rechts daneben geschrieben. Der Fantasie sind hier keine Grenzen gesetzt.
- Am Ende liegt eine Matrix vor, in der jede Kombination von Ausprägungen aller Merkmale eine theoretisch mögliche Lösung ist.

Beispiel: morphologischer Kasten für das Verfassen eines Kriminalromans

↓ *Parameter*	*Ausprägungen →*					
Titelheld	*Journalist*	*Kommissar*	*Sportler*	*Student*	*Rentner*	*usw.*
Ermordeter	*Ehemann*	*Prostituierte*	*Professor*	*Pfarrer*	*Landrat*	*usw.*
Todesursache	*erschossen*	*erstochen*	*Sturz*	*erwürgt*	*Gift*	*usw.*
Ort der Handlung	*Bahnhof*	*Schule*	*Golfplatz*	*Büro*	*Hörsaal*	*usw.*
Mörder	*Gärtner*	*Geliebte*	*Profikiller*	*Erbe*	*Kollege*	*usw.*
Motiv	*Geldgier*	*Eifersucht*	*Notwehr*	*Neid*	*Versehen*	*usw.*
Aufklärung durch	*weiterer Mordversuch*	*Spuren am Tatort*	*geheimer Brief*	*Zeuge*	*falsches Alibi*	*usw.*

Bewertungstechniken

Während es bei den Kreativitätstechniken in erster Linie darum geht, möglichst viele Ideen zu entwickeln und zu strukturieren, muss im Anschluss an diese Phase eine Auswahl von Ideen stattfinden, die ernsthaft weiterverfolgt werden. Eine einfache Punktbewertung ist zwar möglich, wird jedoch der Komplexität der Entscheidung oftmals nicht gerecht.

Als eine Möglichkeit eines sehr differenzierten Bewertungsverfahrens hat sich die Nutzwertanalyse etabliert.

Nutzwertanalyse

Eine Nutzwertanalyse (auch Punktwertverfahren oder Scoring-Modell) bietet sich an, wenn „weiche" – also in Geldwert oder Zahlen nicht darstellbare – Entscheidungskriterien vorliegen, anhand derer zwischen verschiedenen Alternativen eine Entscheidung gefällt werden muss. Die Nutzwertanalyse dient dazu, Argumente zu quantifizieren und dadurch eine fundierte Entscheidungsfindung zu ermöglichen. Darüber hinaus wird der Entscheidungsprozess durch die Nutzwertanalyse transparent, sodass auch im Nachhinein nachvollziehbar ist, warum eine Entscheidung in die eine oder andere Richtung getroffen wurde.

Die unten stehenden Beispiele stellen die Entscheidungssituation eines Bewerbers bei drei vorliegenden Angeboten dar. Für jedes Entscheidungskriterium können 0–10 Punkte vergeben werden. Die Alternative mit dem höchsten Punktwert erhält den Zuschlag.

Beispiel einer Nutzwertanalyse ohne Gewichtung der Entscheidungskriterien

Alternativen → ↓Kriterien	*Meier GmbH* Punkte	*Schneider KG* Punkte	*Müller AG* Punkte
Spaß an der Arbeit	4	9	4
Gehalt	9	2	8
Aufstiegschancen	8	3	6
Gestaltungsspielraum	6	8	6
Summe	***27***	***22***	***24***

Beispiel einer Nutzwertanalyse mit unterschiedlicher Gewichtung der Entscheidungskriterien

Alternativen → ↓ Kriterien	*Meier GmbH* Punkte	*Schneider KG* Punkte	*Müller AG* Punkte
Spaß an der Arbeit Gewichtung: 40 %	1,6 (= 4 · 40 %)	3,6 (= 9 · 40 %)	1,6 (= 4 · 40 %)
Gehalt Gewichtung: 10 %	0,9 (= 9 · 10 %)	0,2 (= 2 · 10 %)	0,8 (= 8 · 10 %)
Aufstiegschancen Gewichtung: 20 %	1,6 (= 8 · 20 %)	0,6 (= 3 · 20 %)	1,2 (= 6 · 20 %)
Gestaltungsspielraum Gewichtung: 30 %	1,8 (= 6 · 30 %)	2,4 (= 8 · 30 %)	1,8 (= 6 · 30 %)
Summe (100 %)	***5,9***	***6,8***	***5,4***

3.7 Bürokommunikationstechnik

Funktionen des Telefons

- **Telefonbuch:** Speicherung von Telefonnummern und den dazugehörigen Namen
- **Kurzwahl:** Nutzung von Tastenkombination zum Wählen gespeicherter Telefonnummern
- **Wahlwiederholung:** nochmaliges Wählen der zuletzt gewählten Nummer
- **Rufumleitung:** Umleiten des Anrufers auf andere Nummer
- **Anklopfen:** Anzeigen der Nummer eines weiteren Anrufers
- **Lautsprecher:** lautes Mithören des Telefonats
- **Stummschaltung:** Rücksprachen möglich, ohne dass es der Anrufer hört
- **Gebührenanzeige:** Anzeige der Kosten des gerade geführten Telefonats im Display
- **Sperrschloss:** Sperrung des Telefons
- **Anklopfen:** Klingelzeichen im Hörer während eines bestehenden Telefonats
- **Anzeige der Gesprächsdauer:** Anzeige der Dauer des geführten Telefonats/der geführten Telefonate innerhalb eines bestimmten Zeitraumes
- **Rückfrage/Makeln:** Parken des aktuell geführten Gesprächs und Wählen einer weiteren Nummer zum Zweck der Nachfrage. Nach Beendigung des zweiten Gesprächs wird automatisch zum geparkten Gespräch zurückgekehrt.
- **Konferenz:** Einleiten einer Konferenz wie beim Makeln, dann aber nicht Beenden des Gesprächs, sondern durch Drücken der Taste Konferenz Führen eines Gruppengesprächs mit den angewählten Teilnehmern
- **Weiterleitung/Vermittlung:** Einleiten wie beim Makeln:
  - Bei Weiterleitung mit Rückfrage wird im zweiten Gespräch der Angerufene über den Anrufer informiert. Der Vermittelnde beendet das Gespräch, Anrufer und Angerufener führen das Gespräch.
  - Bei der Weiterleitung ohne Rückfrage wird lediglich die gewünschte Nummer gewählt und anschließend aufgelegt, der Anrufer hört das Freizeichen des Angerufenen.

Kommunikationsnetze

- analoges Telefonnetz
- **ISDN (Integrated Services Digital Network):** digitales Netz (Teil des Telefonnetzes), bei dessen Nutzung die Daten nicht umgewandelt werden müssen
- **DSL (Digital Subscriber Line):**
  - ADSL (asymmetrisches DSL): Upload erheblich langsamer als Download
  - SDSL (symmetrisches DSL): Upload- und Downloadgeschwindigkeit sind gleich, ist jedoch teuer.

  DSL bietet eine erheblich höhere Geschwindigkeit als ISDN.
- **Mobilfunknetze:**
  - D-Netz (T-Mobile, Vodafone)
  - E-Netz (E-Plus, o2)
  - Telefonie, Internet über UMTS, GPRS, EDGE, HSDPA, HSUPA (verschiedene Technologien, Geschwindigkeiten und Kosten)
- **LAN (Local Area Network):** lokales Netzwerk, das Computer eines begrenzten Gebietes (z. B. eines Gebäudes) verbindet
- **WAN (Wide Area Network):** öffentliches oder privates Netz, das Rechner verbindet, die sich geografisch an entfernten Stellen befinden. Es verbindet mehrere LAN-Netze miteinander.
- **WLAN (Wireless Local Area Network):** LAN per Funkverbindung
- **Datex-Dienste (Data Exchange Service):** digitalisierter Übertragungsdienst der Telekom, der sich durch sehr hohe Sicherheit und einen sehr schnellen Übertragungsaufbau auszeichnet
- **Direktruf-Netz:** Eine Standleitung stellt die Übertragung von Informationen zwischen zwei Teilnehmern her, die die Leitung exklusiv für ihre Belange nutzen.
- **EDI (Electronic Data Interface):** datenträgerloser und papierloser Austausch von Handelsdaten

Drucker

- **Nadeldrucker:** laut, schlechte Qualität, kostengünstig, Impact (Druck von Durchschlägen), Endlospapier
- **Tintenstrahldrucker:** leise, mittlere Qualität, Non-Impact, bei geringer Druckseitenanzahl akzeptables Preis-Leistungs-Verhältnis, Mehrfarbdruck, Mehrfachdruck

- **Laserdrucker:** leise, etwas teurer in der Anschaffung, auch bei höherer Druckseitenanzahl akzeptables Preis-Leistungs-Verhältnis, Mehrfachdruck, Mehrfarbdruck
- **Thermotransferdrucker:** Die Farbe befindet sich auf Folie und wird mit Wärme auf das Papier gebracht.
- **Plotter:** vorzugsweise für technische Zeichnungen, die mittels Stiften auf das Papier aufgebracht werden; auch für besonders große Papierformate (A1, A0) geeignet.
- **3D-Drucker:** Drucker wird als eine Art Maschine genutzt, die aus flüssigen oder festen Werkstoffen (z. B. Kunststoff) nach vorgegebenen Maßen computerunterstützt dreidimensionale Werkstücke erstellt.

Software

- **Textverarbeitung** (z. B. Word, Writer): Erstellung von Texten
- **Präsentationssoftware** (z. B. PowerPoint, Impress): Erstellung von Präsentationen, die mittels Beamer für einen größeren Personenkreis visualisiert werden können
- **Tabellenkalkulation** (z. B. Excel, Calc): Berechnung, grafische Aufbereitung und Darstellung von statistischen Daten
- **Datenbank** (z. B. Access, Base): Sammlung von Daten, die miteinander in Verbindung stehen und die nach unterschiedlichen Kriterien sortiert werden können
- **Projektmanagement-Software** (z. B. MS-Projekt): Planungssoftware im Rahmen von Projekten, wie etwa Zeitmanagement mit Balkendiagramm und Netzplantechnik
- **E-Mail-Programme** (z. B. Outlook Express): Verwaltung der E-Mails, auch in Verbindung mit Organizer (Outlook)

In Abhängigkeit von der Arbeitsstelle können weitere Aufgaben zu erfüllen sein, z. B.:

- **Desktop Publishing** (z. B. Quark XPress, Scribus): Erstellen von Broschüren, Einladungskarten etc.
- **CAD** (z. B. AutoCAD): Erstellen von technischen Zeichnungen
- **Webdesign, -publishing** (z. B. Dreamweaver): Erstellen von Webseiten und Pflege von Internet-/Intranetauftritten

4 Projektmanagement

4.1 Projektdefinition

▸ Ein Projekt wird nach DIN 69901 definiert als ein Vorhaben, das durch die **Einmaligkeit seiner Bedingungen** gekennzeichnet ist.

Diese Bedingungen sind

- eine zeitliche Begrenzung, d. h. Start- und Zieltermin sind festgelegt,
- eine klare Zielvorgabe,
- eine finanzielle Begrenzung, d. h. einer klare Kostenvorgabe, und
- eine projektspezifische Organisation der Bearbeitung.

Das „goldene Dreieck" des Projektmanagements

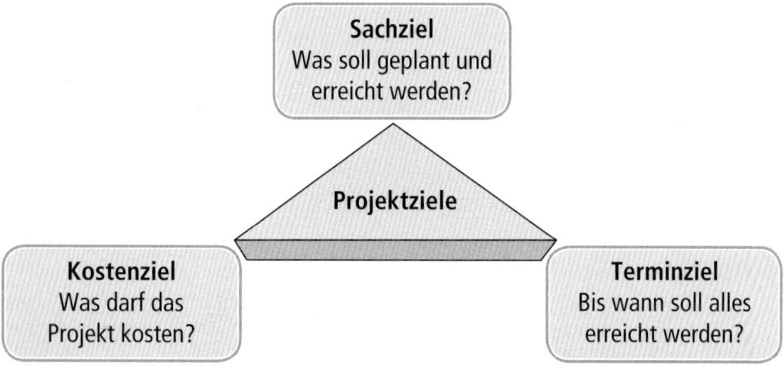

Alle drei Zielgrößen beeinflussen sich gegenseitig. Sie bilden zum Teil konkurrierende Beziehungen. Man spricht vom sogenannten „goldenen" oder auch „magischen Dreieck", weil es sehr schwierig ist, alle Ziele zu erreichen. Werden in einem Projekt z. B. steigende Anforderungen an das Sachziel gestellt, ist in der Regel mit einer längeren Bearbeitungszeit zu rechnen. Längere Bearbeitungszeiten rufen wiederum höhere Projektkosten hervor.

4.2 Projektorganisation

Reine Projektorganisation

Der Projektleiter und die Projektmitarbeiter werden für die Dauer der Abwicklung aus den verschiedenen Linien herausgelöst. Die Mitarbeiter werden räumlich zusammengezogen. Die komplette Infrastruktur wird geschaffen. Der Projektleiter hat für die Projektlaufzeit das fachliche und disziplinarische Weisungsrecht. Nach Beendigung des Projekts kehren Projektleiter und Projektmitarbeiter in die Linie zurück.

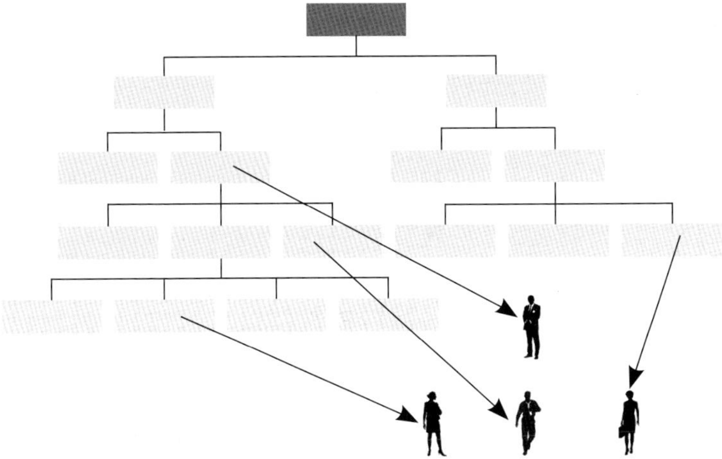

Vorteile	Nachteile
■ volle Konzentration des ganzen Projektteams auf das Projekt ■ hohe Kompetenz des Projektleiters ■ sehr kurze Kommunikationswege	■ hoher organisatorischer Aufwand, da in der Linie freigewordene Stellen besetzt werden müssen ■ Probleme bei der Auflösung des Projektteams, da Rückkehr an den alten Arbeitsplatz oft schwierig

Linienorganisation

Der gesamte Umfang eines Projekts kann in der Linie, d. h. ohne Beteiligung von Abteilungen aus anderen Linien realisiert werden. Das gesamte Projektteam gehört einer Abteilung an. Der Projektleiter ist meist der Abteilungsleiter mit seiner stellenüblichen Weisungsbefugnis.

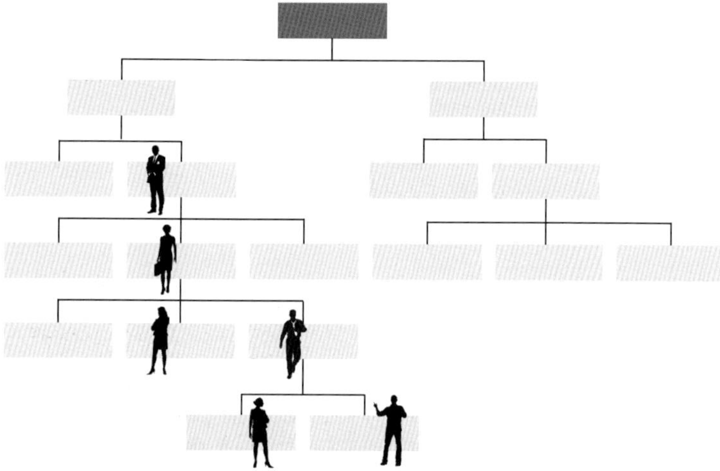

Vorteile	Nachteile
■ volle Konzentration des ganzen Projektteams auf das Projekt ■ hohe Kompetenz des Projektleiters ■ sehr kurze Kommunikationswege ■ keine Versetzungsprobleme bei Projektbeginn oder -ende	■ keine abteilungsübergreifende Perspektive ■ Nicht immer ist das qualitativ geeignete Personal in einer Abteilung verfügbar.

Stabs-/Einflussorganisation

Der Projektleiter befindet sich in einer eigenen Linie und benötigt Unterstützung aus anderen Linien, um das Projektziel zu erreichen. Der Projektleiter fungiert als Auftraggeber für die anderen Linien. Er hat weder ein fachliches noch ein disziplinarisches Weisungsrecht, sondern im Allgemeinen nur eine koordinierende Funktion.

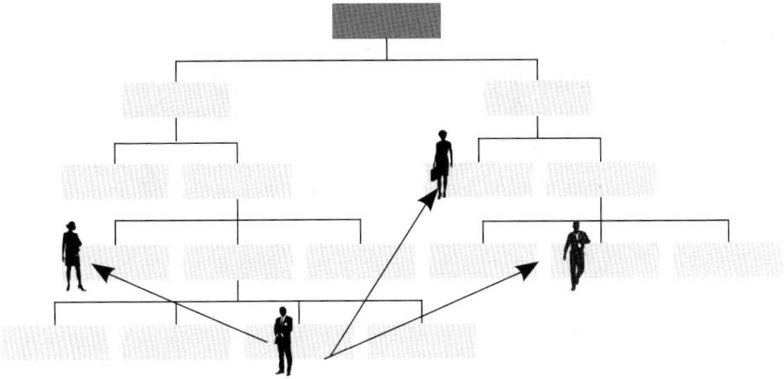

Vorteile	Nachteile
keine Veränderungen in der bestehenden Organisation Abteilungsübergreifende Perspektiven werden einbezogen. keine Versetzungsprobleme bei Projektbeginn oder -ende	hoher Kommunikations- und Koordinierungsaufwand Projektleiter ist in einer schwachen Position, da er nicht weisungsberechtigt und damit von den Linienvorgesetzten abhängig ist.

Matrixorganisation

Um das Projektziel zu erreichen, sind mehrere Linien erforderlich. Der Projektleiter wird für die Dauer des Projekts aus der Linie herausgelöst. Er hat für seine Projektmitarbeiter in anderen Linien ein fachliches und mit Einschränkungen auch ein disziplinarisches Weisungsrecht.

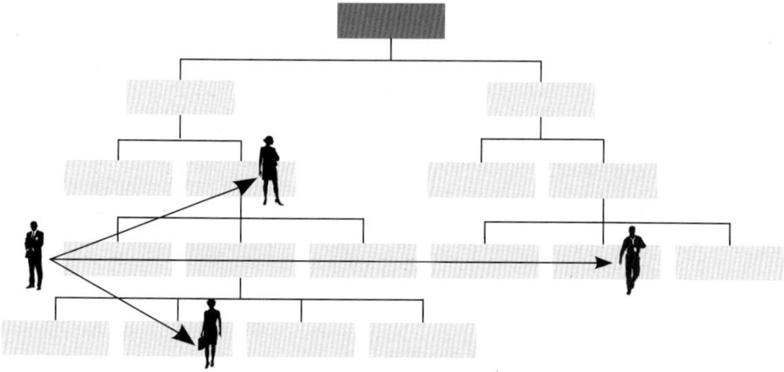

Vorteile	Nachteile
■ keine Veränderungen in der bestehenden Organisation ■ Abteilungsübergreifende Perspektiven werden einbezogen. ■ keine Versetzungsprobleme bei Projektbeginn oder -ende	■ hoher Kommunikations- und Koordinierungsaufwand ■ Projektmitarbeiter haben zwei Vorgesetzte: den Linienvorgesetzten und den Projektleiter.

4.3 Projektplanung

Projektstrukturplan

Der Projektstrukturplan ist eine grafische Darstellung der groben Projektplanung. Er bietet auf einen Blick ein einfaches, übersichtliches und vollständiges Bild aller notwendigen Arbeiten, um das Projektziel zu erreichen.

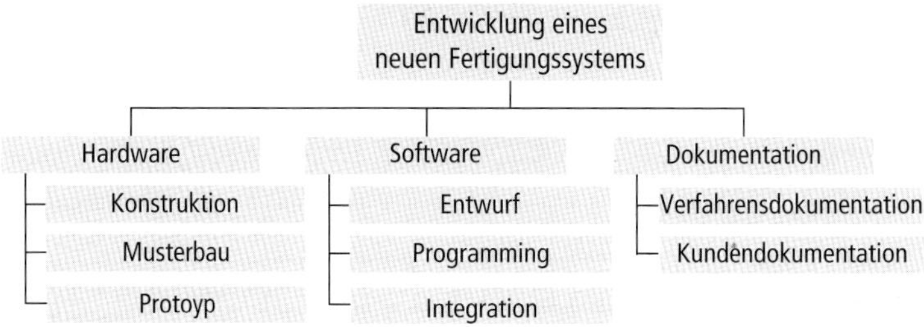

Risikoanalyse

In der Risikoanalyse geht es darum, die Risiken eines Projekts im Hinblick auf die Eintreffwahrscheinlichkeit und die Tragweite (H = hoch, M = mittel; N = niedrig) richtig einzuschätzen und bereits vorab Maßnahmen zur Vermeidung bzw. Schadensbegrenzung festzuhalten.

Beispiel für eine APP-Tabelle (Analyse potenzieller Probleme)

Aufgabe/ Arbeitspaket	Risiko/ mögliche Abweichung	Eintreffwahrscheinlichkeit (H/M/N)	Tragweite (H/M/N)	Denkbare Ursachen	Maßnahmen zur Ursachenvermeidung	Maßnahmen zur Schadensbegrenzung

Netzplantechnik

Die Netzplantechnik verwendet Netzpläne, die zeitliche und kausale Verkettung von Aktionen beschreiben. Sie wird vor allem in der Terminplanung von Projekten oder Produktionsabläufen eingesetzt.

Jeder einzelne Vorgang wird anhand eines Netzplanknotens beschrieben:

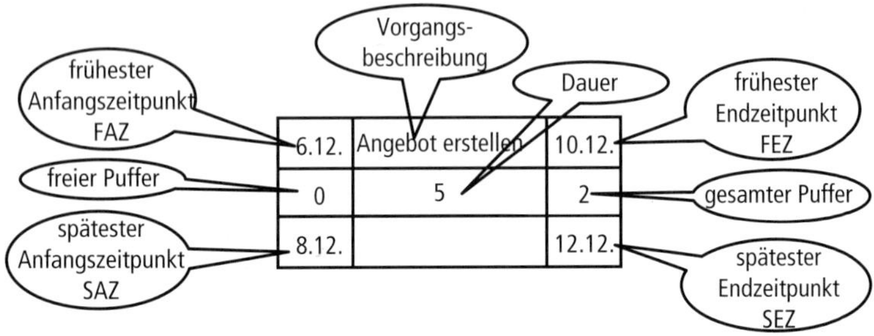

Beispiel Netzplantechnik

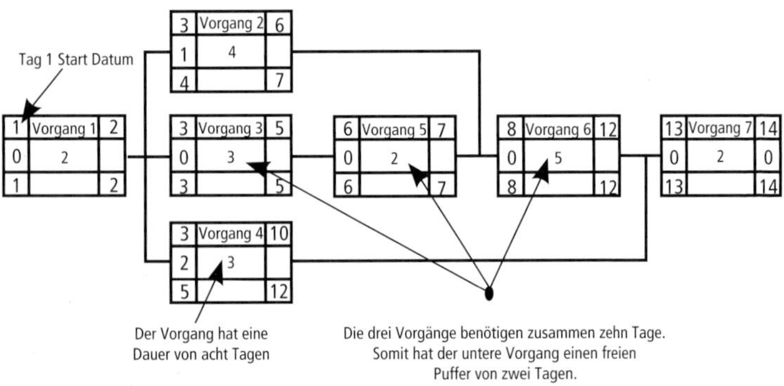

Balkendiagramm (Gantt-Diagramm)

Das Gantt-Diagramm ist ein nach dem Unternehmensberater Henry L. Gantt (1861–1919) benanntes Instrument der Ablauforganisation bzw. Terminplanung. Ein solcher Balkenplan kann beispielsweise für die Planung von Projekten, aber auch für die Planung von Maschinenbelegungen oder Urlaubszeiten benutzt werden. Zur Planung wird hier die zeitliche Abfolge von Aktivitäten grafisch in Form von Balken auf einer Zeitachse dargestellt.

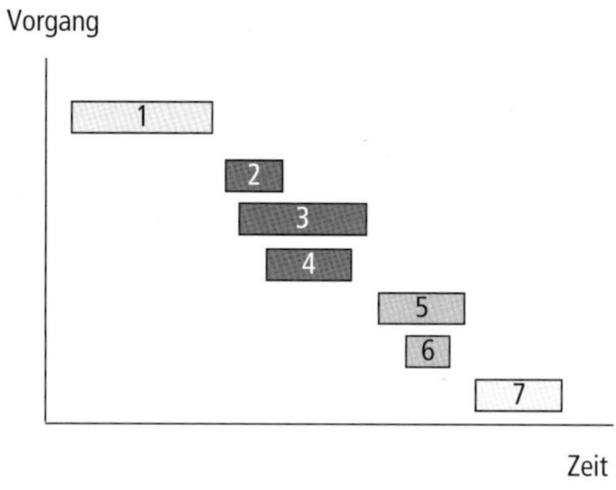

Beispiel Balkendiagramm (Gantt-Diagramm)

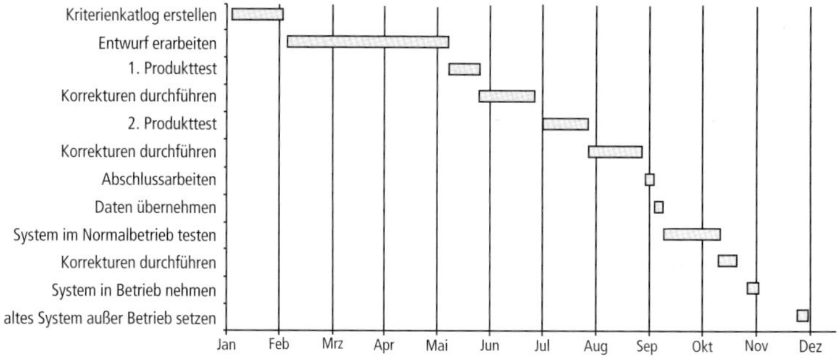

4.4 Projektcontrolling

Als Projektcontrolling bezeichnet man die Steuerung und Kontrolle des Projekts, um das Erreichen der Projektziele sicherzustellen. Dies erfolgt z. B. durch Soll-Ist-Vergleiche, Feststellung von Abweichungen, Bewertung der Konsequenzen und Vorschlagen von Korrekturmaßnahmen. Ein antizipierendes (= vorausschauendes, vorwegnehmendes) und reaktionsschnelles Projektcontrolling ist Voraussetzung für ein effizientes Projektmanagement.

Das Projektcontrolling umfasst im Wesentlichen die folgenden Aufgabenbereiche:

- Terminkontrolle
- Aufwands- und Kostenkontrolle
- Sachfortschrittskontrolle
- Qualitätssicherung
- Konfigurationsmanagement
- Projektdokumentation
- Projektberichterstattung

4.5 Projektabschluss

In der Abschlussphase ist das Projekt bereits fertiggestellt. Nun geht es darum, das Projekt abzurunden, indem die Interessen der wichtigsten Prozessbeteiligten bedient werden:

- Der Kunde/Auftraggeber wünscht die Vorstellung, Übergabe bzw. Installation sowie eine Dokumentation des Projekts.
- Der Anwender/User wünscht die Einweisung in das Projektergebnis bzw. eine Schulung darüber.
- Das Projektteam wünscht ein Feedback des Auftragnehmers und einen geselligen Abschluss.
- Der Projektleiter wünscht eine systematische Erfahrungssicherung sowie einen klar definierten Zeitpunkt der Abgabe der Verantwortung für das Projekt.
- Andere Projektleiter/-teams wünschen, an den Erfahrungen teilhaben zu können.
- Die Unternehmensleitung des Auftragnehmers wünscht gute Kontakte zum Auftraggeber sowie eine sorgfältige Abschlusskalkulation (Gewinn oder Verlust?).

Werden diese Interessen nicht berücksichtigt, so können zahlreiche Projektbeteiligte sehr unzufrieden mit dem Projekt sein, obwohl möglicherweise alle Projekt- und Qualitätsziele erreicht wurden.

5 Organisation von Veranstaltungen und Geschäftsreisen

Tagungen, Geschäftsreisen und andere betriebliche Veranstaltungen müssen gründlich vorbereitet werden. Die entsprechende Organisation gehört oftmals zu den typischen Aufgaben von Kaufleuten im Büromanagement. Um sicherzustellen, dass bei der Vorbereitung keine wichtigen Dinge vergessen werden, empfiehlt es sich, mit Checklisten zu arbeiten.

Checkliste für die Organisation einer Tagung

- **Terminabsprachen** (zu beachten sind z. B. die Termine anderer Veranstaltungen, Ferientermine der einzelnen Bundesländer, Urlaubstermine, Feiertage, Einladungsfristen etc.)
- **Raumfrage und Unterbringung** (Tagungs- und Kongresszentren, Hotels)
- **Kostenübernahme** (Wer trägt die Kosten der Anreise, Übernachtung, Verpflegung etc.?)
- **Referenten** (Renommee, Honorar, Reise- und Unterbringungskosten, Manuskripte etc.)
- **Voreinladung** (evtl. über die Presse, z. B. Inserat in Fachzeitschriften)
- **Rahmenprogramm** (Abendgestaltung, Stadtführung, Ausflüge, Museumsbesuche)
- **Tagungsprogramm** (genaue Tagesordnung, wird drei bis vier Wochen vorher mit dem offiziellen Einladungsschreiben verschickt)
- **offizielles Einladungsschreiben** (enthält: Termin, Thema, Beginn/Ende, Tagungsstätte, Prospekt/Lageplan, Tagungsprogramm, Parkmöglichkeiten, Verkehrsverbindungen, Unterkunft, Antwortkarte, Kostenübernahme, Teilnehmerliste, evtl. Hinweis auf mitzubringende Unterlagen)
- **Tagungsraum** (Sitzordnung, technische Ausstattung)
- **Arbeitsunterlagen** (Tagungsprogramm, Teilnehmerliste, Prospekte wie Hotelprospekt, Unternehmensprospekt, Schreibpapier und Schreibstifte, Handouts)
- **Presse** (Berichterstattung, Pressekonferenz, Pressemappe)

Checkliste für evtl. relevante gesetzliche Vorschriften und Genehmigungen bzw. ggf. notwendige Versicherungen für Veranstaltungen

- Anmeldepflicht
- Versammlungsstättenverordnung
- Lärmschutzverordnung
- Veranstaltungshaftpflichtversicherung
- Veranstaltungsausfallversicherung
- Brand- und Diebstahlversicherung
- GEMA-Gebühren
- Gebühren für Künstlersozialkasse
- Gebühren für Lizenzen und Verwertungsrechte

Checkliste für die Organisation einer Geschäftsreise

- Reiseanlass (z. B. Verhandlung, Tagung, Besprechung, Sitzung, Konferenz, Fortbildung)
- Terminabsprachen (An- und Abreise, Dauer, Termine vor Ort)
- Verkehrsmittel → Ticket/Mietwagen o. Ä. organisieren
- Visa, Reisepass
- Reisemappe
- Kontaktpflege vor Ort
- Gastgeschenke
- Vertretung im Hause
- Reisekostenabrechnung

D Kaufmännische Steuerung und Kontrolle

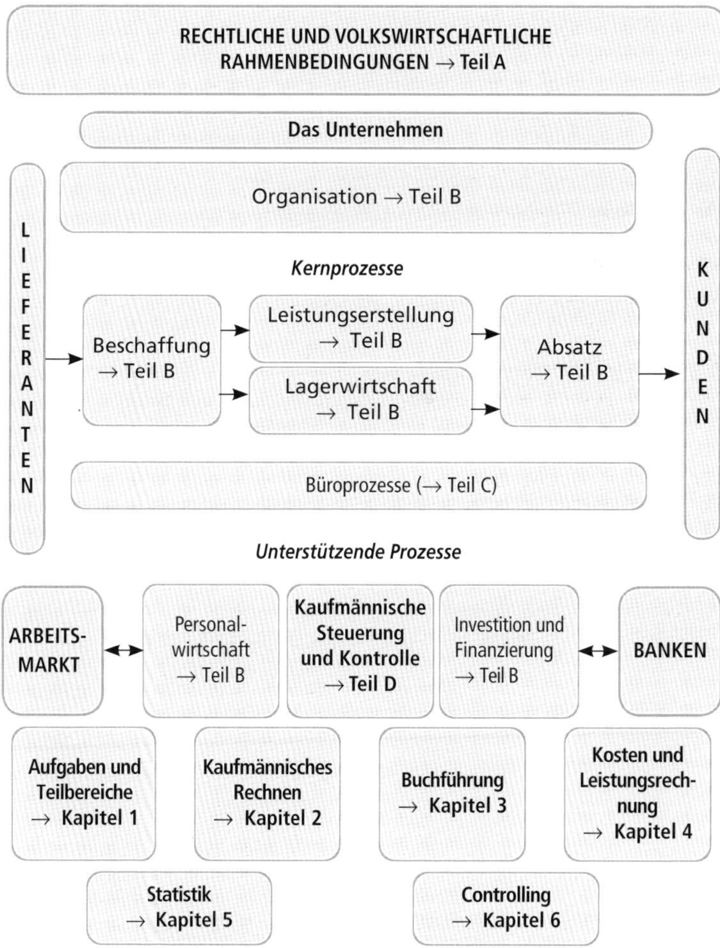

1 Aufgaben und Teilbereiche des Rechnungswesens

Allgemeine Aufgaben

Das betriebliche Rechnungswesen beschäftigt sich mit der systematischen mengen- und wertmäßigen Erfassung, Aufbereitung, Analyse, Auswertung und Darstellung aller betrieblichen und außerbetrieblichen Vorgänge in einem Unternehmen.

Dokumentation	z. B. Erfassung von Einnahmen und Ausgaben
Information	z. B. Herkunft und Höhe von Kosten
Rechenschaftslegung	z. B. gegenüber Banken als Kreditgebern
Kontrolle	z. B. der Kostenentwicklung in einzelnen Unternehmensbereichen
Planung	z. B. Personaleinsatz, Schulungen der Mitarbeiter

Teilbereiche des Rechnungswesens

Finanzbuchhaltung (Buchführung)	■ Erfassung aller wirtschaftlich relevanten Geschäftsvorgänge wie Einkäufe, Verkäufe, Personalaufwand auf Konten ■ Erfassung und Bewertung des Vermögens und der Schulden ■ Ermittlung des Gewinns oder Verlustes
Kosten- und Leistungsrechnung	■ Erfassung und Gliederung der angefallenen Kosten ■ Kontrolle der Kosten in den einzelnen Unternehmensbereichen ■ Preiskalkulation ■ Ermittlung des Betriebsergebnisses
Statistik	■ Erfassung und Aufbereitung betrieblicher Daten für einen a) innerbetrieblichen Vergleich mit Zahlen vergangener Geschäftsjahre b) zwischenbetrieblichen Vergleich mit Zahlen ähnlicher Betriebe ■ ***Beispiele:*** *Personal-, Gehalts-, Lager-, Umsatzstatistiken* ■ Daten dienen als Grundlage für künftige Unternehmensentscheidungen.
Planung	■ Planung zukünftiger Entwicklungen, um die Ziele des Einzelhandelsunternehmens besser erreichen zu können ■ Instrument der Unternehmensführung ■ ***Beispiele:*** *Personal-, Investitions-, Finanzplan*

Nach dem Informationsempfänger unterscheidet man folgende Bereiche des Rechnungswesens:

Internes Rechnungswesen	Externes Rechnungswesen
■ enthält insbesondere die Kosten- und Leistungsrechnung ■ dient der Planung, Steuerung und Kontrolle von Einzelhandelsbetrieben ■ wird in der Regel nach innerbetrieblichen Erfordernissen ausgestaltet	■ enthält die Finanzbuchhaltung einschließlich der Bilanzierung sowie der Nebenbücher (z. B. Erfassung der Wareneingänge und Warenausgänge in der Lagerkartei) und die Statistiken ■ dient primär der Information von Außenstehenden wie Gläubigern, Fiskus, Banken, Kunden ■ wird nach einheitlichen handels- und steuerrechtlichen Vorschriften ausgestaltet

2 Kaufmännisches Rechnen

2.1 Dreisatz

Einfacher Dreisatz

gerades Verhältnis: je mehr (gegebene Größe), desto mehr (gesuchte Größe)
→ Merkregel: Die Zahl im Fragesatz (hier: 50) steht auf dem Bruchstrich.

Beispiel: *20 m eines Stoffes kosten 40,00 EUR. Wie viel kosten 50 m?*

Bedingungssatz: 20 m Stoff entsprechen 40,00 EUR
Fragesatz: 50 m Stoff entsprechen x EUR

Lösungssatz: $x = \frac{40 \cdot 50}{20} = \mathbf{100{,}00\ EUR}$

ungerades Verhältnis: je mehr (gegebene Größe), desto weniger (gesuchte Größe)
→ Merkregel: Die Zahl im Fragesatz (hier: 9) steht unter dem Bruchstrich.

Beispiel: *Sechs Mitarbeiter brauchen für Inventurarbeiten 18 Stunden. Wie lange brauchen neun Mitarbeiter?*

Bedingungssatz: 6 Mitarbeiter entsprechen 18 Stunden
Fragesatz: 9 Mitarbeiter entsprechen x Stunden

Lösungssatz: $x = \frac{18 \cdot 6}{9} = \mathbf{12\ Stunden}$

Zusammengesetzter Dreisatz

Beispiel: *Sechs Mitarbeiter zählen bei der Inventur 10 000 Artikel in 18 Stunden. Wie viele Stunden benötigen neun Mitarbeiter für 12 500 Artikel?*

Bedingungssatz:	6 Mitarbeiter	entsprechen	10 000 Artikel
	entsprechen	18 Stunden	
Fragesatz:	9 Mitarbeiter	entsprechen	12 500 Artikel
	entsprechen	x Stunden	

Lösungssatz: $x = \frac{18 \cdot 6 \cdot 12500}{9 \cdot 10000} = \mathbf{15\ Stunden}$

Erläuterung:

- je mehr Arbeitskräfte, desto weniger Stunden → ungerades Verhältnis, d. h., 9 steht unter dem Bruchstrich.
- je mehr Artikel, desto mehr Stunden → gerades Verhältnis, d. h., 12 500 steht auf dem Bruchstrich.

2.2 Durchschnittsrechnung

$$\textit{einfacher Durchschnitt} = \frac{\text{Summe der Einzelwerte}}{\text{Anzahl der Einzelwerte}}$$

Beispiel: *Berechnen Sie den Durchschnittspreis der Artikel A–C.*

	Preis in EUR
Artikel A	67,95
Artikel B	58,95
Artikel C	49,95

$$\text{Durchschnittspreis} = \frac{67{,}95 + 58{,}95 + 49{,}95}{3} = \mathbf{58{,}95\ EUR}$$

$$\textit{gewogener Durchschnitt} = \frac{\text{Summe der gewichteten Einzelwerte}}{\text{Summe der Gewichte}}$$

Beispiel: *Berechnen Sie den gewogenen Durchschnittspreis der Artikel.*

	Preis in EUR	Verkaufsmenge
Artikel A	67,95	70
Artikel B	58,95	95
Artikel C	49,95	65

$$\text{gewogener Durchschnittspreis} = \frac{67{,}95 \cdot 70 + 58{,}95 \cdot 95 + 49{,}95 \cdot 65}{70 + 95 + 65} = \mathbf{59{,}15\ EUR}$$

2.3 Verteilungsrechnung

Beispiel: *Das Stadtbauamt stellt den drei Unternehmen ARNER OHG, BOHR KG und CRW GmbH die Anliegerkosten von 260 000,00 EUR für den Straßenbau im Gewerbegebiet in Rechnung, die nach der Länge der Straßenfront im Verhältnis 6 : 5 : 2 zu verteilen sind.*

Wie hoch sind die Baukostenanteile der Unternehmen?

Name	**Verteilungs-schlüssel**	**Verteilungsergebnis (in EUR)**	**Rechenweg**
ARNER	6	120 000,00	1. Verteilungstabelle aufstellen (Name, Schlüssel, Ergebnis)
			2. Summe der Anteile ermitteln
BOHR	5	100 000,00	3. Wert je einem Anteil mit Dreisatz errechnen
CRW	2	40 000,00	4. Verteilungsergebnisse berechnen (Anteile · Wert je einem Anteil)
	13 Teile =	260 000,00	
	1 Teil =	x	

$$x = \frac{260\,000 \cdot 1}{13} = \mathbf{20\,000{,}00\ EUR}$$

ARNER: $6 \cdot 20\,000{,}00$ EUR = **120 000,00 EUR**
BOHR: $5 \cdot 20\,000{,}00$ EUR = **100 000,00 EUR**
CRW: $2 \cdot 20\,000{,}00$ EUR = **40 000,00 EUR**

2.4 Prozentrechnung

Berechnung des Prozentsatzes (p)

Aufgabe

Betrieb A: Von 20 Azubis bestehen 18 Azubis die Prüfung.

Betrieb B: Von 16 Azubis bestehen 14 Azubis die Prüfung.

Welche Ausbildungsgruppe ist besser?

Problem: unterschiedliche Bezugsgrößen (20 Azubis im Betrieb A, 16 Azubis im Betrieb B) ⇒ gemeinsame Bezugsgröße 100

Lösung mit Dreisatz:

Betrieb A	*Betrieb B*
20 Azubis = 100%	16 Azubis = 100%
18 Azubis = x%	14 Azubis = x%
$x = \frac{100 \cdot 18}{20}$	$x = \frac{100 \cdot 14}{16}$
$x = 90\%$	$x = 87{,}5\%$

Antwort: Im Betrieb A bestehen 90%, im Betrieb B nur 87,5%. Die Ausbildungsgruppe des Betriebes A ist besser.

Merke:

1. Die Prozentrechnung ist eine Vergleichsrechnung mit der Zahl 100 als Bezugsgröße (% = v. H.).
2. In der Prozentrechnung rechnen wir mit drei Größen:

Grundwert (G): Wert, der mit der Vergleichszahl 100 verglichen wird. Er beträgt immer 100%.

Prozentwert (PW): Teil des Grundwertes, der durch den Prozentsatz festgelegt ist

Prozentsatz (p): Anzahl der Anteile von 100

Formel für die Berechnung von p:

$$p = \frac{PW \cdot 100}{G}$$

Die Berechnung des Prozentwertes (PW)

Aufgabe

Ein Kaufmann hat bei einem Monatsumsatz von 45 000,00 EUR Kosten in Höhe von 20%.

Wie viel Euro sind das?

Lösung mit Dreisatz:

100% = 45 000,00 EUR
20% = x EUR

$$x = \frac{45\,000 \cdot 20}{100} = \mathbf{9\,000{,}00\ EUR}$$

Die Kosten betragen 9 000,00 EUR.

Lösung mit Formel: $\mathbf{PW = \frac{G \cdot p}{100}}$

Die Berechnung des Grundwertes (G)

Aufgabe

Familie Schmidt muss 25% ihres Nettoeinkommens für die Miete aufbringen. Die monatliche Miete beträgt 850,00 EUR.

Wie hoch ist das Nettoeinkommen der Familie Schmidt?

Lösung mit Dreisatz:

25% = 850,00 EUR
100% = x EUR

$$x = \frac{850 \cdot 100}{25} = \mathbf{3\,400{,}00\ EUR}$$

Das Nettoeinkommen beträgt 3 400,00 EUR.

Lösung mit Formel: $\mathbf{G = \frac{PW \cdot 100}{p}}$

Der vermehrte Grundwert (G^+)

Aufgabe

Ein Elektrofachgeschäft bietet einen Fernseher nach einer Preiserhöhung von 4 % zum neuen Preis von 468,00 EUR an.

Wie viel Euro betrug der ursprüngliche Preis vor der Preiserhöhung?

Lösung mit Dreisatz:

104% = 468,00 EUR
100% = x EUR

$$x = \frac{468 \cdot 100}{104} = \mathbf{450{,}00\ EUR}$$

x: G; 468: G + PW = G^+; 104: 100 + p

Der ursprüngliche Preis betrug 450,00 EUR.

Lösung mit Formel: $G = \frac{G^+ \cdot 100}{100 + p}$

Der verminderte Grundwert (G^-)

Aufgabe

Eine Rechnung wird nach Abzug von 2% Skonto mit 1 254,40 EUR bezahlt.

Wie hoch ist der Rechnungsbetrag?

Lösung mit Dreisatz:

98% = 1 254,40 EUR
100% = x EUR

$$x = \frac{1\,254{,}40 \cdot 100}{98} = \mathbf{1\,280{,}00\ EUR}$$

G G – PW 100 – p
= G⁻

Der Rechnungsbetrag lautet 1 280,00 EUR.

Lösung mit Formel: $\mathbf{G = \frac{G^{-} \cdot 100}{100 - p}}$

2.5 Währungsrechnung

- **Wechselkurs:** Preis eines Euros ausgedrückt in ausländischer Währung
- **Geldkurs (Ankaufskurs):** Kurs, zu dem die Bank Euro ankauft
- **Briefkurs (Verkaufskurs):** Kurs, zu dem die Bank Euro verkauft
- **Sorten:** ausländisches Bargeld (Banknoten, Münzen) → Ankaufs- oder Verkaufskurs
- **Devisen:** ausländisches Buchgeld (bargeldlos, z. B. Überweisungen, Schecks) → Geld- oder Briefkurs

Umtausch von Euro in Auslandswährung

Herbert Meyer macht Urlaub in den USA. Er möchte bei seiner deutschen Hausbank 500,00 EUR in bar in US-Dollar umtauschen. Wie viel Euro erhält er (Ankaufskurs: 1,1358/Verkaufskurs: 1,1465)?

Vorüberlegung: Die Bank kauft Euro. → Es gilt der Ankaufskurs.

Lösung mit Dreisatz:	1,00 EUR	entspricht	1,1358 USD
	500,00 EUR	entsprechen	x USD

$$x = \frac{1{,}1358 \cdot 500}{1} \cong \mathbf{567{,}90\ USD}$$

Umtausch von Auslandswährung in Euro

Als Herbert Meyer aus dem Urlaub zurückkommt, hat er noch 100,00 US-Dollar, die er bei seiner Hausbank in Euro umtauschen will. Wie viel Euro erhält er (Ankaufskurs: 1,1358/Verkaufskurs: 1,1465)?

Vorüberlegung: Die Bank verkauft Euro. → Es gilt der Verkaufskurs.

Lösung mit Dreisatz: 1,1465 USD entspricht 1,00 EUR
100,00 USD entsprechen x EUR

$$x = \frac{1 \cdot 100}{1,1465} \cong \mathbf{87,22\ EUR}$$

2.6 Zinsrechnung

Grundbegriffe

			entspricht in der Prozentrechnung
Kapital	K	Betrag, der verzinst wird	Grundwert
Zinssatz	p	Verzinsung in Prozent (immer auf ein Jahr bezogen)	Prozentsatz
Zinsen	z	Verzinsung in Euro für einen bestimmten Zeitraum	Prozentwert
Zeitraum	t	Zeitraum, für den die Verzinsung zu berechnen ist	

Berechnung der Zinstage

	Deutsche Methode (30/360)	act/act-Methode (tagegenaue Methode)	Euromethode (act/360-Methode)
Zinsmonat	30 Tage Ausnahme: Februar = Kalendertage, wenn der Monat Februar das Ende der Laufzeit ist	genaue Kalendertage	genaue Kalendertage
Zinsjahr	360 Tage	genaue Tage, d. h. 365 Tage bzw. im Schaltjahr 366 Tage	360 Tage
Anwendungsbeispiele	▪ *Darlehen* ▪ *Ratenkredite* ▪ *Festgelder* ▪ *Kontokorrentkonten*	▪ *festverzinsliche Anleihen* ▪ *Bundesobligationen* ▪ *Bundesanleihen*	▪ *Anleihen mit variablem Zins (sogenannte „Floater")* ▪ *Geldanlagen bei der Europäischen Zentralbank*

Zinsformeln

Beispiel: *Berechnen Sie die Zinsen für einen Kredit in Höhe von 5 000,00 EUR bei einem Zinssatz von 8 % für einen Zeitraum von 90 Zinstagen.*

$$z = \frac{\mathbf{K \cdot p \cdot t}}{\mathbf{100 \cdot 360}} = \frac{5000 \cdot 8 \cdot 90}{100 \cdot 360} = \mathbf{100{,}00\ EUR}$$

Beispiel: *Für einen Kredit fallen für einen Zeitraum von 90 Zinstagen bei einem Zinssatz von 8 % 100,00 EUR Zinsen an. Wie hoch war der Kredit?*

$$K = \frac{\mathbf{z \cdot 100 \cdot 360}}{\mathbf{p \cdot t}} = \frac{100 \cdot 100 \cdot 360}{8 \cdot 90} = \mathbf{5\,000{,}00\ EUR}$$

Beispiel: *Für einen Kredit fallen für einen Zeitraum von 90 Zinstagen 100,00 EUR Zinsen an. Wie hoch war der Kreditzinssatz?*

$$p = \frac{\mathbf{z \cdot 100 \cdot 360}}{\mathbf{K \cdot t}} = \frac{100 \cdot 100 \cdot 360}{5000 \cdot 90} = \mathbf{8\,\%}$$

Beispiel: *Für einen Kredit in Höhe von 5 000,00 EUR fallen bei einem Zinssatz von 8 % 100,00 EUR Zinsen an. Wie lange lief der Kredit?*

$$t = \frac{\mathbf{z \cdot 100 \cdot 360}}{\mathbf{K \cdot p}} = \frac{100 \cdot 100 \cdot 360}{5000 \cdot 8} = \mathbf{90\ Tage}$$

Effektivverzinsung bei Lieferantenkrediten

Beispiel: *Die Zahlungsbedingung eines Lieferanten lautet „Zahlungsziel 30 Tage, acht Tage 2 % Skonto". Welchem Jahreszins entspricht der Lieferantenkredit, wenn der Käufer das Zahlungsziel beansprucht?*

Lösung mit dem Dreisatz:

22 Tage (30 – 8 Tage)	entsprechen	2 %
360 Tage (ein Zinsjahr)	entsprechen	x %

$$x = \frac{2\% \cdot 360}{22} = 32{,}727\,\%$$

Der Lieferantenkredit ist sehr teuer. Folglich lohnt es sich auf jeden Fall, innerhalb der ersten acht Tage zu zahlen, um den Skonto von 2 % wahrzunehmen.

3 Buchführung

3.1 Grundsätze ordnungsgemäßer Buchführung

▶ Als Grundsätze ordnungsgemäßer Buchführung werden die im Handelsgesetzbuch (HGB) und der Abgabenordnung (AO) festgehaltenen Regeln für die Durchführung der Buchführung und die Aufstellung des Jahresabschlusses bezeichnet.

Gesetzl. Grundlage	Inhalt
§ 238 Abs. 1 HGB § 145 Abs. 1 AO	Ein sachverständiger Dritter (Betriebsprüfer des Finanzamts) muss sich innerhalb einer angemessenen Zeit einen Überblick über die Geschäftsvorfälle und die Lage des Unternehmens verschaffen können. Damit dies gewährleistet ist, gilt: **keine Buchung ohne Beleg!** D.h., für jede Buchung muss ein Beleg vorliegen, der diese nachvollziehbar macht.
§ 244 HGB	Der **Jahresabschluss** ist in deutscher Sprache und in Euro aufzustellen.
§ 239 Abs. 2 HGB § 146 Abs. 1 AO	Die **Eintragungen** in den Büchern (Grund- und Hauptbuch) müssen **vollständig, richtig, zeitgerecht und geordnet** vorgenommen werden.
§ 239 Abs. 3 HGB § 146 Abs. 4 AO	Die Aufzeichnungen dürfen nicht so verändert werden, dass der ursprüngliche Inhalt nicht mehr feststellbar ist. **Kein Radieren oder Durchstreichen; Löschen von Daten auf Datenträgern** ist also **verboten**. Fehlerhafte Buchungen müssen durch Stornobuchungen rückgängig gemacht werden.
§§ 240, 242 HGB	Zu Beginn seines Unternehmens und **am Schluss jeden Geschäftsjahres** muss der Kaufmann ein **Inventar** (§ 240) und eine **Bilanz** (§ 242) aufstellen. Die Bilanz ist von ihm persönlich zu unterschreiben (§ 242 Abs. 2).
§ 257 HGB § 147 AO	Die **Aufbewahrungspflicht** für Handelsbücher, Inventare, Bilanzen und Buchungsbelege beträgt **zehn Jahre**.
§ 158 AO	Die Buchführung ist der Besteuerung zugrunde zu legen, wenn sie den Vorschriften der §§ 140 bis 148 entspricht.
§ 162 AO	Die Finanzbehörden haben die Buchführung zu schätzen, wenn sie schwere formelle und sachliche Fehler aufweist.
§ 283b StGB	Verstößt ein Kaufmann bei Insolvenz und Zahlungseinstellung gegen die Buchführungspflicht, so kann er mit Freiheitsstrafe oder Geldstrafe bestraft werden.

3.2 Inventur, Inventar

Inventur

▶ § 241 HGB: körperliche Bestandsaufnahme aller Vermögensgegenstände und Schulden (Tätigkeit des Messens, Zählens, Wiegens, Erfassens usw.)

Arten der Inventur

Stichtagsinventur

Kann innerhalb von zehn Tagen vor oder nach dem Abschlussstichtag stattfinden.

Verlegte Inventur

Kann innerhalb der letzten drei Monate vor oder innerhalb der ersten zwei Monate nach dem Abschlussstichtag stattfinden. Die Bestände müssen nur wertmäßig auf den Abschlussstichtag bezogen werden.

Permanente Inventur

Findet fortlaufend durch Eintragung in die Bestandskarteien bzw. Bestandsdateien statt. Die Buchbestände müssen mindestens einmal jährlich durch körperliche Aufnahmen (Ist-Bestände) überprüft werden.

Gliederung des Inventars

A. Vermögen
- I. Anlagevermögen (bleibt langfristig im Betrieb),
  z. B. unbebaute Grundstücke, Betriebsgebäude, Betriebs- und Geschäftsausstattung (BGA), Maschinen etc.
- II. Umlaufvermögen (verbleibt nur kurzfristig im Betrieb),
  z. B. Waren, sonstige Vorräte, Forderungen, Bankguthaben, Kasse

B. Schulden (Fremdkapital)
- I. langfristige Schulden (Laufzeit > ein Jahr),
  z. B. Hypotheken, Darlehen
- II. kurzfristige Schulden (Laufzeit < ein Jahr),
  z. B. Verbindlichkeiten aus Lieferung und Leistungen

C. Reinvermögen (Eigenkapital)
Summe des Vermögens – Summe der Schulden

3.3 Bilanz, Bestandskonten

Bilanz

- kurz gefasstes Inventar in Form eines T-Kontos

Bilanzgliederung

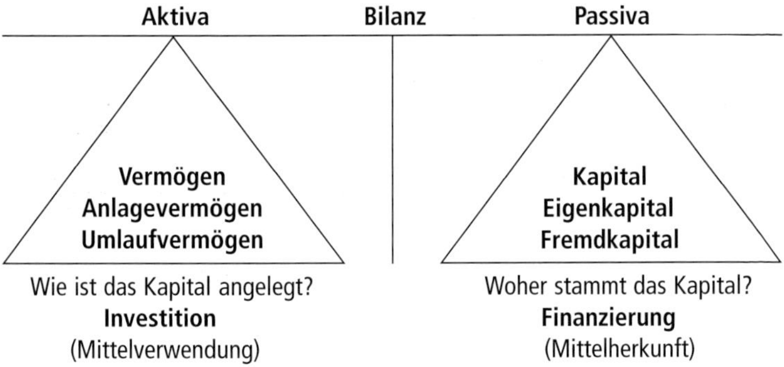

Beispiel:

AKTIVA	BILANZ zum 31.12.20..		PASSIVA
I. Anlagevermögen		**I. Eigenkapital**	60 000,00
1. Gebäude	80 000,00		
2. BGA	10 000,00	**II. Fremdkapital**	
		1. Darlehen	70 000,00
II. Umlaufvermögen		2. Verbindlichkeiten	20 000,00
1. Waren	20 000,00		
2. Bank	40 000,00		
	150 000,00		150 000,00

Auflösen der Bilanz in Konten

Aktiva	Bilanz		Passiva
Gebäude	80 000,00	Eigenkapital	60 000,00
BGA	10 000,00	Darlehen	70 000,00
Waren	20 000,00	Verbindlichkeiten	20 000,00
Bank	40 000,00		
	150 000,00		150 000,00

Aktivkonten = Vermögenskonten

S	Gebäude	H
AB	80 000,00	

S	BGA	H
AB	10 000,00	

S	Waren	H
AB	20 000,00	

S	Bank	H
AB	40 000,00	

Passivkonten = Kapitalkonten

S	Eigenkapital	H
	AB	60 000,00

S	Darlehen	H
	AB	70 000,00

S	Verbindlichkeiten	H
	AB	20 000,00

Merke:

- Bei allen Konten der Aktivseite der Bilanz (= Aktivkonten) steht der Anfangsbestand im Soll.
- Bei allen Konten der Passivseite der Bilanz (= Passivkonten) steht der Anfangsbestand im Haben.

Buchen auf Bestandskonten

S	Aktives Bestandskonto H
Anfangsbestand	Abgänge
Zugänge	Schlussbestand

S	Passives Bestandskonto H
Abgänge	Anfangsbestand
Schlussbestand	Zugänge

Auf der Seite, auf der der Bilanzposten in der Bilanz steht, stehen der Anfangsbestand und die Zugänge. Folglich befinden sich die Abgänge und der Schlussbestand auf der jeweils anderen Kontenseite.

3.4 Organisation der Buchführung

Grundbuch: enthält alle Buchungssätze in zeitlich richtiger Reihenfolge.

Hauptbuch: enthält sämtliche Sachkonten mit den richtigen Buchungen.

Kontokorrentbuch: Kunden-/Liefererkonten

Kontenrahmen: systematische Gliederung sämtlicher Konten, die für alle Unternehmen einer Branche erforderlich ist. Jedes Konto hat eine vierstellige Kontennummer, die sich durch eine Einteilung in Kontenklassen, Kontengruppen, Kontenarten und Kontenunterarten ergibt. So sind eine klare Übersicht und die Vergleichbarkeit mit anderen Unternehmen sowie eine Vereinfachung der Buchungsarbeit und eine vereinfachte Prüfung gewährleistet.

1. Stelle	**Kontenklasse**	5	Erträge
2. Stelle	**Kontengruppe**	51	Umsatzerlöse für Handelswaren und sonstige Umsatzerlöse
3. Stelle	**Kontenart**	510	Umsatzerlöse für Handelswaren
4. Stelle	**Kontenunterart**	5101	Erlösberichtigungen

Industriekontenrahmen:
Ausführlicher Kontenrahmen siehe Seite 233 ff.

Klasse	Konteninhalt		
0	Immaterielle Vermögensgegenstände und Sachanlagen	Anlagevermögen	aktive Bestandskonten
1	Finanzanlagen		
2	Umlaufvermögen und aktive Rechnungsabgrenzung	Umlaufvermögen	
3	Eigenkapital und Rückstellungen	Eigenkapital	passive Bestandskonten
4	Verbindlichkeiten und passive Rechnungsabgrenzung	Fremdkapital	
5	Erträge	Ertragskonten	Erfolgskonten
6	Betriebliche Aufwendungen	Aufwandskonten	
7	Weitere Aufwendungen		
8	Ergebnisrechnung	Bilanz und GuV	Abschlusskonten
9	Kosten- und Leistungsrechnung	Rechnungskreis II (für die Kosten- und Leistungsrechnung)	

Kontenplan: Aus der Menge der zur Verfügung stehenden Konten sucht sich das Unternehmen die passenden Konten heraus und erstellt seinen eigenen Kontenplan.

3.5 Erfolgskonten, Gewinn und Verlustkonto (GuV)

Aufwendungen

- Alle Aufwendungen reduzieren das Eigenkapital.
- Aufwandskonten sind z. B. Aufwendungen für Handelswaren, Gehälter, Bezugskosten, Mietaufwendungen, Zinsaufwendungen etc.
- Alle Aufwendungen werden auf Einzelkonten erfasst und im Soll gebucht.

Erträge

- Alle Erträge erhöhen das Eigenkapital.
- Ertragskonten sind z. B. Umsatzerlöse für Handelswaren, Zinserträge, Mieterträge etc.
- Alle Erträge werden auf Einzelkonten erfasst und im Haben gebucht.

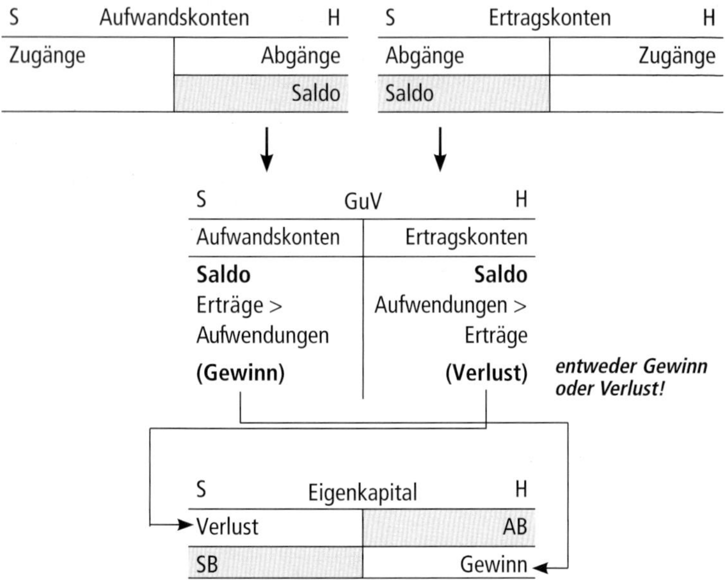

- Erfolgskonten besitzen keinen Anfangs- und Schlussbestand.
- Erfolgskonten werden immer auf das GuV-Konto abgeschlossen.
- Aufwendungen stehen in der GuV im Soll, Erträge im Haben.
- Das GuV-Konto wird auf das Eigenkapitalkonto abgeschlossen.

3.6 Warenkonten

Warenvorgänge werden auf drei verschiedene Konten gebucht:

Aufwendungen für Waren	Aufwands-konto	Bei dem üblichen aufwandsorientierten Verfahren werden hier alle Wareneinkäufe (bewertet zu den jeweiligen Bezugspreisen) erfasst.
Handelswaren	Bestands-konto	erfasst den Anfangs- und den Schlussbestand der Waren

Handelswaren	Bestandskonto	Es gilt: ■ Anfangsbestand > Schlussbestand → Bestandsminderung ■ Anfangsbestand < Schlussbestand → Bestandsmehrung
Umsatzerlöse für Handelswaren	Ertragskonto	erfasst die Warenverkäufe (bewertet zu den jeweiligen Nettoverkaufspreisen)

Ermittlung des Wareneinsatzes

Wareneinkäufe
\+ Bestandsminderungen bzw.
− Bestandsmehrungen
= Wareneinsatz

Rohgewinn = Umsatzerlöse – Wareneinsatz

3.7 Umsatzsteuer

Die Steuern bilden die wichtigste Einnahmequelle des Staates. Nach § 1 der Abgabenordnung (AO) handelt es sich bei den Steuern um einmalige oder laufende Abgaben, die ohne direkte Gegenleistung von einem öffentlich-rechtlichen Gemeinwesen kraft Gesetzes vereinnahmt werden.

Die Umsatzsteuer ist eine Verkehrssteuer, die **ausschließlich vom Endverbraucher** getragen wird.

Nach § 1 Umsatzsteuergesetz (UStG) unterliegen alle Lieferungen und Leistungen, die ein Unternehmen im Inland gegen Entgelt ausführt, der Umsatzsteuer (USt.).

Umsatzsteuerfrei sind Vermietung, Export, Kredit- und Zahlungsverkehr der Kreditinstitute und Leistungen der Deutschen Bundespost.

Die **Umsatzsteuer beträgt** seit dem 01.01.2007 **19 %** von dem Entgelt, das der Lieferer in Rechnung stellt. Dem **ermäßigten Steuersatz** von **7 %** unterliegen z.B. wichtige Nahrungsmittel, landwirtschaftliche Produkte sowie Bücher, Zeitungen, Zeitschriften.

Die Umsatzsteuer, die man beim Einkauf bezahlt (Konto 2600 Vorsteuer) wird im Soll gebucht und stellt eine Forderung gegenüber dem Finanzamt dar.

Die Umsatzsteuer, die man beim Verkauf erhält (Konto 4800 Umsatzsteuer), wird im Haben gebucht und stellt eine Verbindlichkeit gegenüber dem Finanzamt dar.

Für Unternehmen ist die Umsatzsteuer ein **durchlaufender Posten**, da sie mit dem Finanzamt verrechnet wird. Der Unternehmer hat bis zum zehnten Tag nach Ablauf eines Kalendermonats (Voranmeldungszeitraum) eine **Umsatzsteuervoranmeldung** nach amtlich vorgeschriebenem Vordruck abzugeben, indem er die Steuer für den Voranmeldungszeitraum (Vorauszahlung) selbst berechnet **(Zahllast = eingenommene Umsatzsteuer – gezahlte Vorsteuer)**. Gleichzeitig ist die Vorauszahlung (Zahllast) zu entrichten. Nach Ablauf des Kalenderjahrs muss der Unternehmer eine **Umsatzsteuererklärung** abgeben, in der die endgültige Steuerschuld (Zahllast) selbst berechnet wird (Steueranmeldung).

3.8 Privatentnahmen und -einlagen

Private und betriebliche Vorgänge sind zu trennen.

→ neues Unterkonto des Eigenkapitalkontos: das Privatkonto

Privatentnahmen

1. Situation

Der Firmenchef entnimmt sich für eine Urlaubsreise 2 500,00 EUR aus der Kasse.

Konto	Soll	Haben
1. 3001 Privatkonto	2 500,00	
an 2880 Kasse		2 500,00

2. Situation

Der Firmenchef entnimmt Waren im Wert von 3 000,00 EUR netto aus dem Lager, um sie für sich privat zu verwenden.

Konto	Soll	Haben
2. 3001 Privatkonto	3 570,00	
an 5420 Eigenverbrauch		3 000,00
+ 4800 Umsatzsteuer		570,00

Merke:

1. Privatentnahmen mindern das Eigenkapital.
2. Auf dem Privatkonto werden Privatentnahmen im Soll gebucht.
3. Der Eigenverbrauch, also die Privatentnahme von Sachen (Handelswaren, Fertigerzeugnissen, Rohstoffen usw.), ist umsatzsteuerpflichtig.

Privateinlagen

3. Situation

Der Firmenchef überweist eine private Erbschaft in Höhe von 2000,00 EUR auf das betriebliche Bankkonto.

Konto	Soll	Haben
3. 2800 Bank	2000,00	
an 3001 Privatkonto		2000,00

Merke:

1. Privateinlagen mehren das Eigenkapital.
2. Auf dem Privatkonto werden Privateinlagen im Haben gebucht.

3.9 Einkaufs- und Verkaufsbuchungen

▶ Die **Debitorenbuchhaltung** beschäftigt sich mit der Erfassung und Verwaltung der offenen Forderungen (Debitoren = Kunden).

▶ Die **Kreditorenbuchhaltung** beschäftigt sich mit der Erfassung und Verwaltung der offenen Verbindlichkeiten (Kreditoren = Lieferanten bzw. externe Anbieter von Dienstleistungen).

Einkauf von Stoffen und Waren

Beispiel:

*1. **Zieleinkauf** von:*

Rohstoffen	*20000,00 EUR*	
Hilfsstoffen	*5600,00 EUR*	
Betriebsstoffen	*800,00 EUR*	
Handelswaren	*2300,00 EUR*	
+ 19 % USt.	*5453,00 EUR*	
= Rechnungsbetrag brutto		*34153,00 EUR*

2. ***Eingangsrechnung** für **Fremdbauteile:***
Nettowert 3 000,00 EUR
+ 19 % USt. 570,00 EUR
= Rechnungsbetrag brutto 3 570,00 EUR

Konto		Soll EUR	Haben EUR
1.	6000 Aufwendungen für Rohstoffe	20 000,00	
+	6020 Aufwendungen für Hilfsstoffe	5 600,00	
+	6030 Aufwendungen für Betriebsstoffe	800,00	
+	6080 Aufwendungen für Handelswaren	2 300,00	
+	2600 Vorsteuer	5 453,00	
an	4400 Verbindlichkeiten		34 153,00
2.	6010 Aufwendungen für Vorprodukte/Fremdbauteile	3 000,00	
+	2600 Vorsteuer		
an	4400 Verbindlichkeiten	570,00	3 570,00

Liefererskonto

▸ Liefererskonto = gewährter Preisnachlass bei Zahlung innerhalb einer bestimmten Frist

Liefererskonti werden als **„Einstandspreiskorrektur“** (Konto 6002, 6012, 6022, 6032, 6082) gebucht.

Beispiel:

3. ***Wir begleichen** die **Rechnung** über 3 570,00 EUR brutto (Geschäftsfall 2) unter Abzug von 2 % Skonto durch Banküberweisung.*

Rechenschema	
Rechnungsbetrag, brutto	3 570,00 EUR
– 2 % Skonto	71,40 EUR
= Überweisungsbetrag	3 498,60 EUR

Konto		Soll EUR	Haben EUR
3.	4400 Verbindlichkeiten	3 570,00	
an	2800 Bank		3 498,60
+	6012 Nachlässe für Vorprodukte/Fremdbauteile		60,00
+	2600 Vorsteuer		11,40

Verkauf von Fertigerzeugnissen und Handelswaren

Beispiel:

4. ***Zielverkauf*** *von:*

eigenen Erzeugnissen	*20 000,00 EUR*	
Handelswaren	*5 000,00 EUR*	
+ 19 % USt.	*4 750,00 EUR*	
= Rechnungsbetrag brutto		*29 750,00 EUR*

5. ***Ausgangsrechnung*** *für* ***Handelswaren:***

Listenpreis:	*800,00 EUR*	
+ 19 % USt.	*152,00 EUR*	
= Rechnungsbetrag brutto		*952,00 EUR*

Konto		Soll EUR	Haben EUR
4.	2400 Forderungen	29 750,00	
an	5000 Umsatzerlöse für eigene Erzeugnisse		20 000,00
+	5100 Umsatzerlöse für Handelswaren		5 000,00
+	4800 Umsatzsteuer		4 750,00
5.	2400 Forderungen	952,00	
an	5100 Umsatzerlöse für Handelswaren		800,00
+	4800 Umsatzsteuer		152,00

Kundenskonto

▶ Kundenskonto = gewährter Preisnachlass bei Zahlung innerhalb einer bestimmten Frist

Kundenskonti werden als **„Erlöskorrektur“** (Konto 5001, 5101) gebucht.

Beispiel:

6. *Ein* ***Kunde überweist*** *einen* ***fälligen Rechnungsbetrag*** *von Handelswaren in Höhe von 952,00 EUR brutto (Geschäftsfall 5) unter Abzug von 3 % Skonto durch Postgiroüberweisung.*

Rechenschema	
Rechnungsbetrag, brutto	952,00 EUR
– 3 % Skonto	28,56 EUR
= Überweisungsbetrag	923,44 EUR

Konto		Soll EUR	Haben EUR
6.	2850 Postbank	923,44	
+	5101 Erlösberichtigungen für Handelswaren	24,00	
+	4800 Umsatzsteuer	4,56	
an	2400 Forderungen		952,00

3.10 Anlagenwirtschaft

3.10.1 Kauf von Anlagegütern

Vermögensgegenstände, die dem Unternehmen langfristig dienen, gehören zum **Anlagevermögen**. Beim Erwerb werden diese Güter mit ihren Anschaffungskosten erfasst.

Merke:

Anschaffungspreis	Nettopreis ohne Umsatzsteuer
– Anschaffungspreisminderungen	Rabatte, Skonti, Boni, sonstige Nachlässe
+ Anschaffungsnebenkosten	Transport, Montage, Umbau, Provisionen
= Anschaffungskosten	

3.10.2 Abschreibungen auf Sachanlagen

Anlagegüter (z. B. Gebäude, Maschinen, Kraftfahrzeuge, Betriebs- und Geschäftsausstattung) stehen dem Unternehmen längerfristig zur Verfügung. Ihre Nutzungsdauer ist jedoch zeitlich begrenzt. Der Wert von Anlagegütern nimmt im Zeitablauf ab.

Häufigste Ursachen der Wertminderung:

- Nutzungsverschleiß (Abnutzung durch Gebrauch)
- natürlicher Verschleiß (z. B. Verrosten, Zersetzung, Verwitterung)
- technische Überholung (ein neues, technisch verbessertes Produkt kommt auf den Markt)
- unvorhergesehene Ereignisse (z. B. Unwetter, Unfall u. Ä.)

Diese Wertminderungen werden in der Buchhaltung als Aufwand erfasst und als **Abschreibungen** bezeichnet.

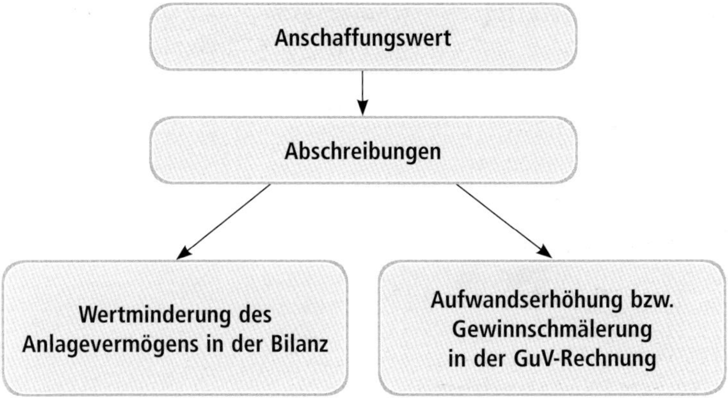

Anschaffungswert
– bisherige Abschreibung
= Restbuchwert

Man unterscheidet folgende Abschreibungsmethoden:

Lineare Abschreibung	Degressive Abschreibung
Der jährliche Abschreibungsbetrag ist immer gleich hoch.	Bei dieser Methode ergeben sich jährlich fallende Abschreibungsbeträge, da jeweils ein bestimmter Prozentsatz vom Restbuchwert abgeschrieben wird.
$\text{Abschreibungsbetrag} = \frac{\text{Anschaffungskosten}}{\text{Nutzungsdauer}}$ Die Nutzungsdauer wird von der Finanzbehörde in sogenannten AfA-Tabellen festgesetzt.	Seit 2011 ist die degressive Abschreibung steuerrechtlich nicht mehr erlaubt.

Durch die Abschreibung mindert sich der Gewinn des Unternehmens und die steuerliche Belastung sinkt. Je kürzer die vorgegebene Nutzungsdauer ist, desto höher ist die jährliche Abschreibung und desto günstiger ist dies für das Unternehmen.

3.10.3 Geringwertige Wirtschaftsgüter

Nach den Regelungen der Unternehmenssteuerreform 2008 dürfen **bewegliche Anlagegüter bis zu einem Wert von 150,00 EUR** Anschaffungskosten (netto) sofort als Aufwand gebucht werden (Verbrauchsfiktion). Bei Anschaffungskosten von 151,00 bis 1 000,00 EUR müssen selbstständig nutzbare Wirtschaftsgüter über fünf Jahre in einem jahresbezogenen Sammelposten („Pool") linear abgeschrieben werden. Ein Ausscheiden des Wirtschaftsgutes (Verkauf, Zerstörung u. Ä.) berührt das Sammelkonto nicht. Seit 2010 sind bei Anschaffungskosten von 151,00 bis 410,00 EUR die Sofortabschreibung im Anschaffungsjahr oder die Aktivierung und planmäßige Abschreibung möglich (Wahlrecht).

3.11 Jahresabschluss

Der Jahresabschluss muss den Grundsätzen ordnungsgemäßer Buchführung (GoB) entsprechen. Er muss den Grundsätzen der Bilanzwahrheit, der Bilanzklarheit, der Bilanzkontinuität sowie der periodengerechten Ergebnisermittlung Rechnung tragen.

Diese Grundsätze spiegeln sich auch in der Grobgliederung der Bilanz wider.

Aktiva	Bilanz Passiva
A. Anlagevermögen	A. Eigenkapital
I. Immaterielle Vermögensgegenstände	B. Rückstellungen (e)
II. Sachanlagen (a)	C. Verbindlichkeiten
III. Finanzanlagen	D. Rechnungsabgrenzungsposten (d)
B. Umlaufvermögen	
I. Vorräte (b)	
II. Forderungen (c)	
III. Wertpapiere	
IV. Bankguthaben, Kassenbestände usw.	
C. Rechnungsabgrenzungsposten (d)	

a) Sachanlagen

Sachanlagen unterliegen der Abnutzung durch Alterung usw. Diese Wertminderung wird am Jahresende durch die Abschreibung erfasst ***(siehe dazu auch Teil D, Kap. 3.10.2)***.

b) Vorräte

Vorräte (Roh-, Hilfs- und Betriebsstoffe, Handelswaren) werden am Jahresende durch das strenge Niederstwertprinzip bewertet. Eine Einzelbewertung gleichartiger Vorgänge ist arbeitsaufwendig. Daher erlaubt der Gesetzgeber bei einer Durchbrechung des Grundsatzes der Einzelbewertung bei gleichartigen Vorräten die Berechnungsvereinfachungsverfahren:

- gewogener Durchschnitt
- Lifo-Methode (last in, first out)
- Fifo-Methode (first in, first out)

c) Forderungen

Wenn Anhaltspunkte vorliegen, dass Forderungen des Unternehmens nicht oder nicht in voller Höhe eingehen, so muss man sie von den einwandfreien Forderungen trennen. Sie werden auf das Konto 2470 „Zweifelhafte Forderungen" umgebucht.

Ist eine Forderung ganz oder teilweise uneinbringlich, so muss der entsprechende **Nettobetrag** direkt abgeschrieben werden. Diese Forderungsausfälle werden über das Konto 6950 „Abschreibungen auf Forderungen" abgeschrieben.

Ist der Verlust einer Forderung noch nicht eingetreten, ist der wahrscheinliche Wert zu bilanzieren. Die indirekte Abschreibung der Forderung erfolgt über die Einzelwert- oder die Pauschalwertberichtigung.

d) Rechnungsabgrenzungsposten

Der Erfolg des laufenden Geschäftsjahres ist grundsätzlich periodengerecht zu ermitteln. Bilanzierung und Bewertung sind eine stichtagsbezogene Betrachtung, richten sich also nach den Verhältnissen zu einem bestimmten Zeitpunkt (Bilanzstichtag). Dazu sind

- alle Aufwendungen und Erträge zu erfassen, die wirtschaftlich ganz oder teilweise dem folgenden Geschäftsjahr zuzurechnen sind, deren Zahlung jedoch bereits im laufenden (alten) Geschäftsjahr erfolgte (transitorische Abgrenzung: aktive bzw. passive Rechnungsabgrenzung),
- alle Aufwendungen und Erträge des laufenden Jahres zu erfassen, die erst im Folgejahr (neuen Jahr) zur Zahlung fällig werden (antizipative Abgrenzung: sonstige Verbindlichkeiten bzw. sonstige Forderungen).

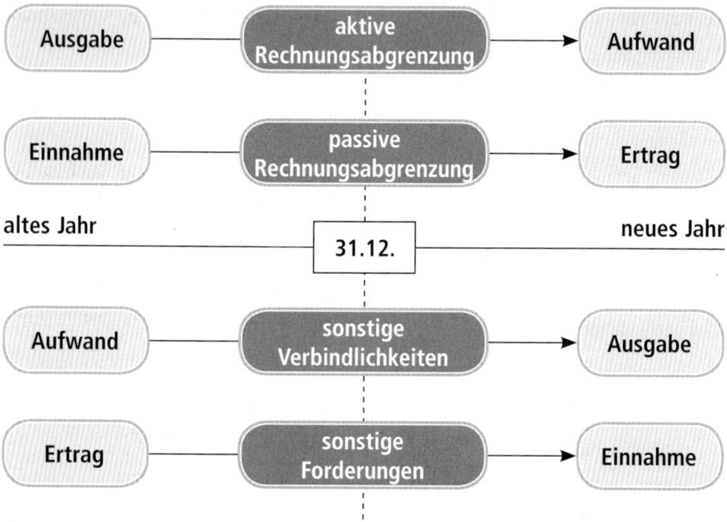

e) Rückstellungen

Rückstellungen sind Schulden für Aufwendungen, die im alten Jahr entstanden sind, deren Höhe und/oder Fälligkeit am 31.12. aber noch nicht bekannt sind. Rückstellungen werden nach dem Höchstwertprinzip bewertet.

4 Kosten- und Leistungsrechnung (KLR)

4.1 Handelskalkulation

4.1.1 Bezugskalkulation

- **Skonto** ist ein Preisabzug, wenn eine Bezahlung der Rechnung innerhalb einer festgelegten Frist erfolgt. Er ist vom Zieleinkaufspreis (= 100%) zu berechnen.

- **Rabatt** ist ein Preisabzug aus verschiedenen Gründen, die nichts mit der Frist zur Bezahlung der Rechnung zu tun haben (z.B. Sonderrabatt, Treuerabatt, Mengenrabatt, Naturalrabatt und Wiederverkäuferrabatt). Er wird vom Listenpreis (= 100%) berechnet.

Bonus ist eine Sondervergünstigung, die nachträglich gewährt wird und in der Höhe vom Umsatz abhängt. Er spielt in der Bezugskalkulation keine Rolle.

Die **Bezugskosten** (z. B. Verpackung, Fracht, Versicherung, Zölle) sind dem Bareinkaufspreis hinzuzurechnen.

Die **Umsatzsteuer** ist bei der Bezugskalkulation nicht zu berücksichtigen, da sie als Vorsteuer vom Finanzamt zurückerstattet wird. Sie hat somit keinen Kostencharakter.

Beispiel: *Ein Möbelgeschäft nimmt einen Schlafzimmerschrank in sein Sortiment auf. Berechnen Sie den Bezugspreis für den Schlafzimmerschrank, wenn folgende Angaben vorliegen: Listenpreis: 500,00 EUR; Rabatt: 10 %; Skonto: 2 %; Bezugskosten: 39,00 EUR.*

Listenpreis	500,00 EUR	100 %	
– Liefererrabatt (10 % von LP)	50,00 EUR	– 10 %	
= Zieleinkaufspreis	450,00 EUR	90 %	100 %
– Liefererskonto (2 % vom ZEP)	9,00 EUR		– 2 %
= Bareinkaufspreis	441,00 EUR		98 %
+ Bezugskosten	39,00 EUR		
= Bezugspreis (= Einstandspreis)	480,00 EUR		

4.1.2 Verkaufskalkulation

Handlungskosten sind die Kosten der gesamten Betriebstätigkeit (z. B. allgemeine Verwaltungskosten, Löhne und Gehälter, Bürokosten, Raumkosten, Lagerkosten, Werbekosten u. Ä.). Der Handlungskostenzuschlag ist ein Prozentsatz, der dem Bezugspreis bzw. Einstandspreis (= 100 %) zugerechnet wird. Er berechnet sich wie folgt:

$$\text{Handlungskostenzuschlag (in Prozent)} = \frac{\text{Handlungskosten} \cdot 100}{\text{Wareneinsatz}}$$

Der **Selbstkostenpreis** stellt die unterste Grenze des Verkaufspreises einer Ware dar. Er deckt alle Kosten, die mit dem Einkauf und Verkauf einer Ware zusammenhängen.

Der **Gewinnzuschlag** wird auf der Basis der Selbstkosten (= 100 %) hinzugerechnet.

Der **Nettoverkaufspreis** ist die Basis (= 100 %) für die Berechnung der Umsatzsteuer.

▶ Addiert man die Umsatzsteuer zum Nettoverkaufspreis, erhält man den **Bruttoverkaufspreis**, der dem Verkaufspreis entspricht.

Vorwärtskalkulation

Aufgabe

Ein Möbelgroßhändler nimmt einen Schlafzimmerschrank in sein Sortiment auf. Berechnen Sie den Nettoverkaufspreis für den Schlafzimmerschrank, wenn folgende Angaben vorliegen:

Listenpreis:	500,00 EUR	Gewinn:	8%
Liefererrabatt:	10%	Vertreterprovision:	2%
Liefererskonto:	2%	Kundenskonto:	2%
Bezugskosten:	39,00 EUR	Kundenrabatt:	10%
Handlungskosten	16⅔%		

Listenpreis	500,00 EUR	100%		
– Liefererrabatt (10% von LP)	50,00 EUR	– 10%		
= Zieleinkaufspreis	450,00 EUR	90%	100%	
– Liefererskonto (2% vom ZEP)	9,00 EUR		– 2%	
= Bareinkaufspreis	441,00 EUR		98%	100%
+ Bezugskosten	39,00 EUR			
= Bezugspreis (= Einstandspreis)	480,00 EUR	100%		
+ Handlungskosten (16⅔% vom BP)	80,00 EUR	16⅔%		
= Selbstkostenpreis	560,00 EUR	116⅔%	100%	
+ Gewinnzuschlag (8% vom SKP)	44,80 EUR		8%	
= Barverkaufspreis	604,80 EUR	96%	108%	
+ Kundenskonto (2% vom ZVP)	12,60 EUR	+ 2%		
+ Vertreterprovision (2% vom ZVP)	12,60 EUR	+ 2%		
= Zielverkaufspreis	630,00 EUR	100%	90%	
+ Kundenrabatt (10% vom NVP)	70,00 EUR		+ 10%	
= Nettoverkaufspreis	700,00 EUR		100%	
+ Umsatzsteuer (19% vom NVP)	133,00 EUR		+ 19%	
= Bruttoverkaufspreis	833,00 EUR		119%	

Rückwärtskalkulation

Beispiel: *Um konkurrenzfähig zu sein, muss ein Einzelhändler eine Stereoanlage zu einem Nettoverkaufspreis anbieten, der nicht über 75,00 EUR liegt. Den Rabatt von 5 %, den er seinen Kunden gewährt, hat er dabei schon berücksichtigt. Gleiches gilt für die 3 % Kundenskonto. Er kalkuliert mit Handlungskosten in Höhe von 30 %.*

Wie hoch darf der Bezugspreis maximal sein, wenn er 10 % Gewinn machen will?

Bezugspreis (= Einstandspreis)	48,33 EUR		100 %
+ Handlungskosten (30 % vom BP)	14,50 EUR		↑ 30 %
= Selbstkostenpreis	62,83 EUR	100 % →	130 %
+ Gewinnzuschlag (10 % vom SKP)	6,28 EUR	10 % ↑	
= Barverkaufspreis	69,11 EUR	110 % ←	97 %
+ Kundenskonto (3 % vom ZVK)	2,14 EUR		↑ 3 %
= Zielverkaufspreis	71,25 EUR	95 % →	100 %
+ Kundenrabatt (5 % vom NVK)	3,75 EUR	5 % ↑	
= Nettoverkaufspreis	75,00 EUR	100 %	

Differenzkalkulation

Beispiel: *Der Fahrradgroßhändler Ulrich möchte ein neues Mountainbike in sein Sortiment aufnehmen. Dieses soll zu einem Preis von 1 753,95 EUR einschließlich 19 % Umsatzsteuer angeboten werden.*

Der Hersteller gibt das Fahrrad zu einem Listenpreis von 860,00 EUR ab und gewährt bei Barzahlung 2 % Skonto. Die Bezugskosten pro Fahrrad betragen 5,80 EUR. Der Fahrradhändler kalkuliert mit 60 % Handlungskosten. Seinen Kunden räumt er 3 % Skonto ein.

Lohnt sich der Verkauf dieses Fahrrads?

Listenpreis	860,00 EUR		
– Liefererrabatt	–		
= Zieleinkaufspreis	860,00 EUR	100 %	
– Liefererskonto (2 % vom ZEP)	17,20 EUR	– 2 %	
= Bareinkaufspreis	842,80 EUR	↓ 98 %	
+ Bezugskosten	5,80 EUR		
= Bezugspreis (= Einstandspreis)	848,60 EUR	100 %	
+ Handlungskosten (60 % vom BP)	509,16 EUR	60 %	
= Selbstkostenpreis	1 357,76 EUR	↓ 160 %	100 %
+ ***Gewinn***	***71,93 EUR***	$x = \frac{71{,}93 \cdot 100}{1\,357{,}76}$ =	***5,3 %***
= Barverkaufspreis	1 429,69 EUR	↑ 97 %	105,3 %
+ Kundenskonto (3 % vom ZVP)	44,22 EUR	3 %	
= Zielverkaufspreis	1 473,91 EUR	100 %	
+ Kundenrabatt	–		
= Nettoverkaufspreis	1 473,91 EUR	↑ 100 %	
+ Umsatzsteuer (19 % vom NVP)	280,04 EUR	19 %	
= Bruttoverkaufspreis	1 753,95 EUR	119 %	

4.1.3 Verkürzte Kalkulationsverfahren

Verkürzte Vorwärtskalkulation

$$\textbf{\textit{Kalkulationszuschlag (KZ)} in \%} = \frac{\text{Bruttoverkaufspreis} - \text{Bezugspreis}}{\text{Bezugspreis}} \cdot 100$$

$$\textbf{\textit{Kalkulationsfaktor (Kf)}} = \frac{\text{Bruttoverkaufspreis}}{\text{Bezugspreis}} \text{ oder } 1 + \frac{\text{KZ}}{100}$$

→ Bezugspreis · Kalkulationsfaktor = Bruttoverkaufspreis

$$\textbf{\textit{Rohgewinn}} \textbf{ in } \% = \frac{\text{Barverkaufspreis} - \text{Bezugspreis}}{\text{Bezugspreis}} \cdot 100$$

Verkürzte Rückwärtskalkulation

$$\textbf{\textit{Kalkulationsabschlag}} \textbf{ in } \% = \frac{\text{Bruttoverkaufspreis} - \text{Bezugspreis}}{\text{Bruttoverkaufspreis}} \cdot 100$$

$$\textbf{\textit{Handelsspanne}} \textbf{ in } \% = \frac{\text{Nettoverkaufspreis} - \text{Bezugspreis}}{\text{Nettoverkaufspreis}} \cdot 100$$

4.2 Teilkostenrechnung

4.2.1 Fixe und variable Kosten

▶ **Fixe Kosten sind die** Kosten, die unabhängig von der Verkaufs- bzw. Produktionsmenge immer gleich bleiben (z. B. Abschreibungen, Mietaufwendungen, Gehälter, Beiträge).

▶ **Variable Kosten nennt man die** Kosten, die sich in Abhängigkeit von der Verkaufsmenge bzw. Produktionsmenge verändern (z. B. Aufwendungen für Roh-, Hilfs- und Betriebsstoffe, Aufwendungen für Waren, Verkaufsprovisionen).

Fixkostendegression („Gesetz der Massenproduktion")

Die Fixkosten je Stück sinken bei steigender Ausbringungsmenge, da sich die konstanten gesamten Fixkosten auf eine größere Stückzahl verteilen (Fixkostendegression).

Daraus folgt: Durch die Fixkostendegression sinken die Stückkosten je Stück bei zunehmender Ausbringungsmenge („Gesetz der Massenproduktion").

Legende für die folgenden Darstellungen:

k = Stückkosten

K = Gesamtkosten

k_f = fixe Stückkosten

K_f = fixe Gesamtkosten

k_v = variable Stückkosten

K_v = variable Gesamtkosten

m = Produktionsmenge

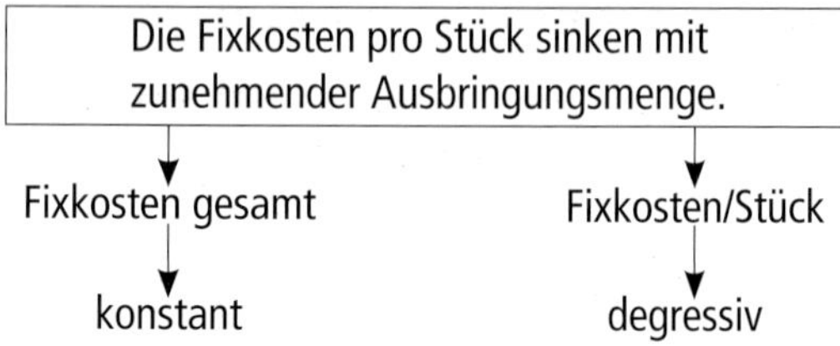

m	K_f	$k_f = K_f/m$
100	60 000	600
200	60 000	300
300	60 000	200
400	60 000	150
500	60 000	120

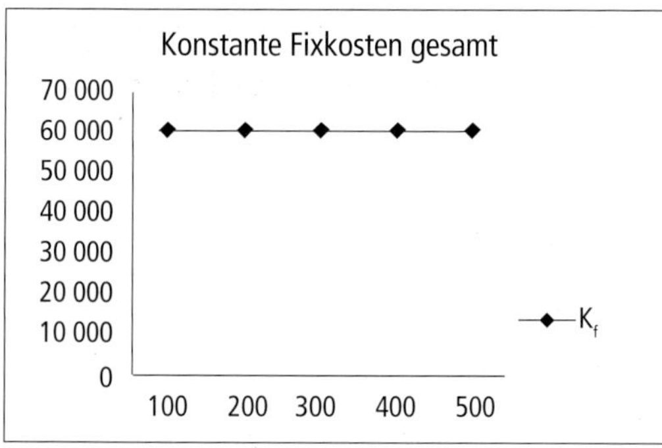

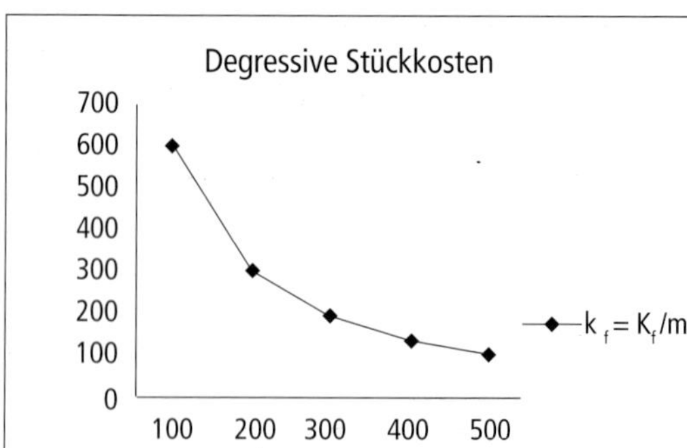

Mögliche Kostenverläufe der variablen Kosten

Die Kosten verändern sich im selben Maße wie die Ausbringungsmenge.

↓ Kosten → proportional

↓ Stückkosten → konstant

m	K_v	$k_v = K_v/m$
100	12 000	120
200	24 000	120
300	36 000	120
400	48 000	120
500	60 000	120

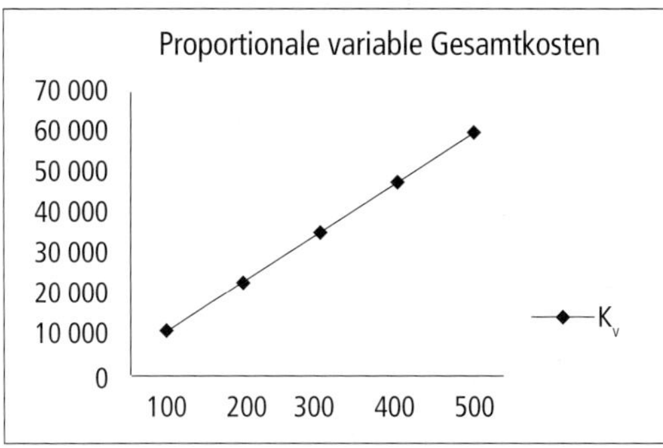

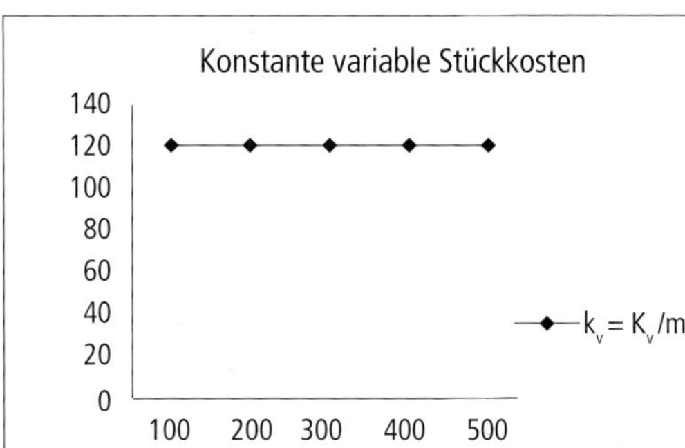

Die Kosten verändern sich in stärkerem Maße als die Ausbringungsmenge.

Kosten → überproportional

Stückkosten → progressiv

m	K_v	$k_v = K_v/m$
100	12 000	120
200	26 000	130
300	42 000	140
400	60 000	150
500	80 000	160

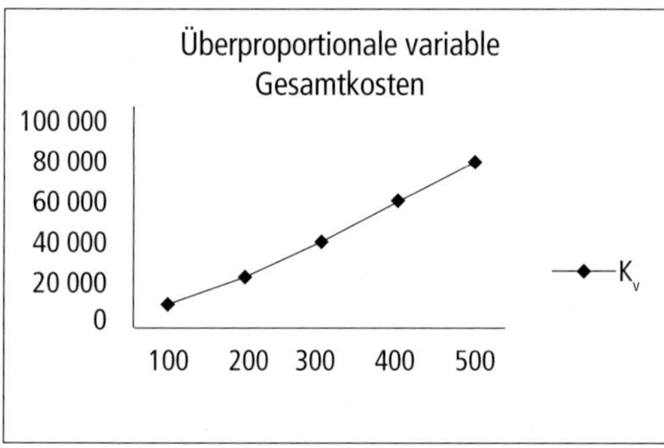

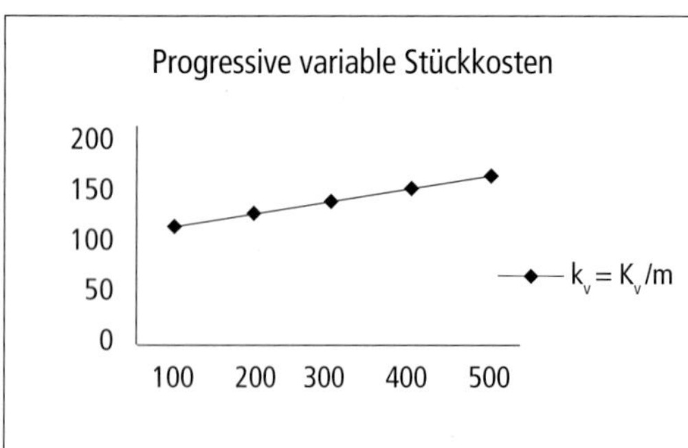

Die Kosten verändern sich in geringerem Maße als die Ausbringungsmenge.

↓ Kosten → unterproportional

↓ Stückkosten → degressiv

m	K_v	$k_v = K_v/m$
100	12 000	120
200	22 000	110
300	30 000	100
400	36 000	90
500	40 000	80

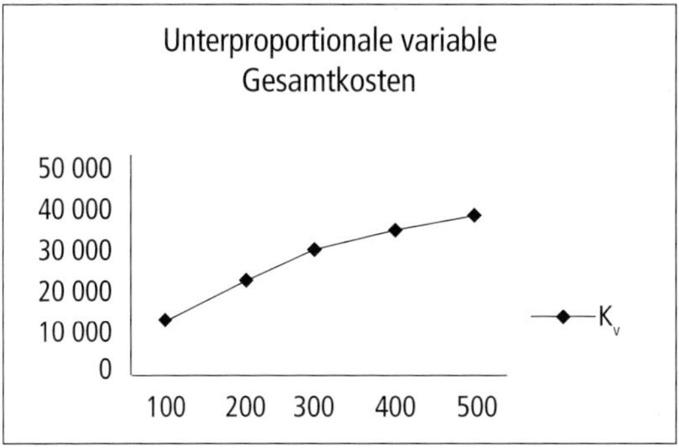

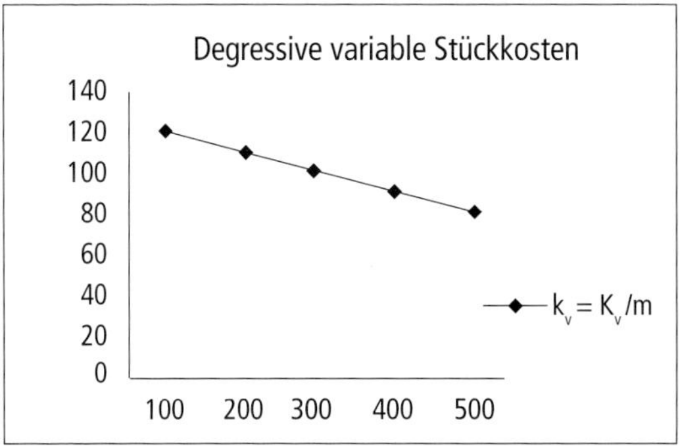

4.2.2 Deckungsbeitragsrechnung

Der **Deckungsbeitrag** gibt an, in welchem Maße ein Produkt oder eine Produktgruppe zur Abdeckung der fixen Kosten beiträgt. Der Deckungsbeitrag wird auch als „direkte Produktrentabilität" (DPR) oder „direkte Produktprofitabilität" (DPP) bezeichnet.

Nettoverkaufserlöse (Nettoumsatz)	Nettoverkaufspreis des Produkts
– variable Kosten	– variable Stückkosten
= Deckungsbeitrag Periode	= Stückdeckungsbeitrag
– fixe Kosten	
= Betriebserfolg	

Deckungsbeitrag > fixe Kosten → Betriebsgewinn

Deckungsbeitrag < fixe Kosten → Betriebsverlust

Bei unausgelasteten Kapazitäten lohnt sich die Annahme eines Zusatzauftrages bereits ab einem Deckungsbeitrag > 0, da dadurch zumindest ein Beitrag zur Fixkostendeckung erwirtschaftet wird.

4.2.3 Break-even-Point

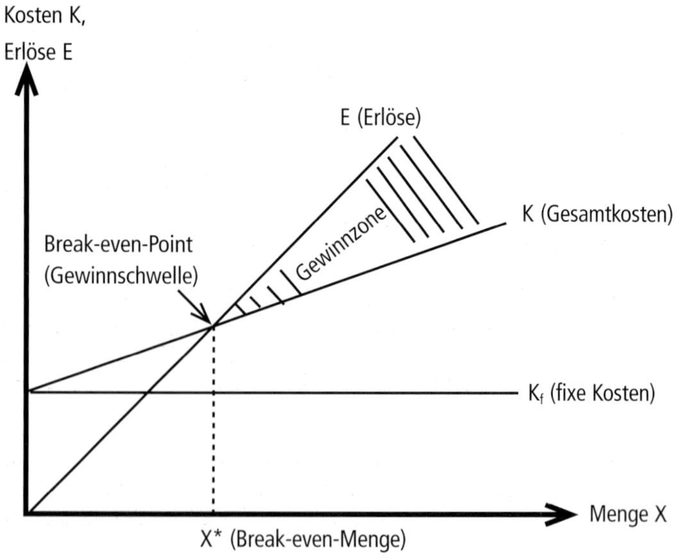

Bei der Menge X* sind die Erlöse gleich den Gesamtkosten (Break-even-Point = Gewinnschwelle). Der Gewinn ist in diesem Punkt gleich 0. Wird dieser Punkt überschritten, wird Gewinn erwirtschaftet.

$$\text{kritische Stückzahl (Break-even-Menge)} = \frac{\text{fixe Kosten/Periode}}{\text{db pro Stück } (p - k_v)}$$

p = Nettoverkaufserlös pro Stück k_v = variable Kosten pro Stück

4.3 Vollkostenrechnung

4.3.1 Abgrenzungsrechnung

Grundidee

Betrachten Sie die folgende – stark verkürzte und vereinfachte – Gewinn- und Verlustrechnung und beurteilen Sie, ob das Unternehmen wirtschaftlich erfolgreich arbeitet.

S	8020 GuV		H
6080 Aufw. für Waren	270 000	5100 Umsatzerlöse	500 000
6020 Löhne	100 000	3000 Eigenkapital	70 000
7460 Verluste aus dem Abgang von Wertpapieren	200 000		
	570 000		570 000

Das Unternehmen hat zwar Verlust gemacht. Dieser Verlust ist allerdings nicht durch die betriebliche Tätigkeit, sondern durch betriebsfremde Aufwendungen (hier: Verluste aus dem Verkauf von Wertpapieren) entstanden, die mit dem eigentlichen betrieblichen Wirtschaften des Unternehmens nicht zu tun haben.

Schlussfolgerung: Die Zahlen aus der Gewinn- und Verlustrechnung können nicht 1 : 1 für die Kosten- und Leistungsrechnung herangezogen werden. Zunächst müssen die betriebsfremden und periodenfremden

Aufwendungen und Erträge ausgefiltert werden, d.h., Aufwendungen und Kosten bzw. Erträge und Leistungen sind getrennt zu betrachten.

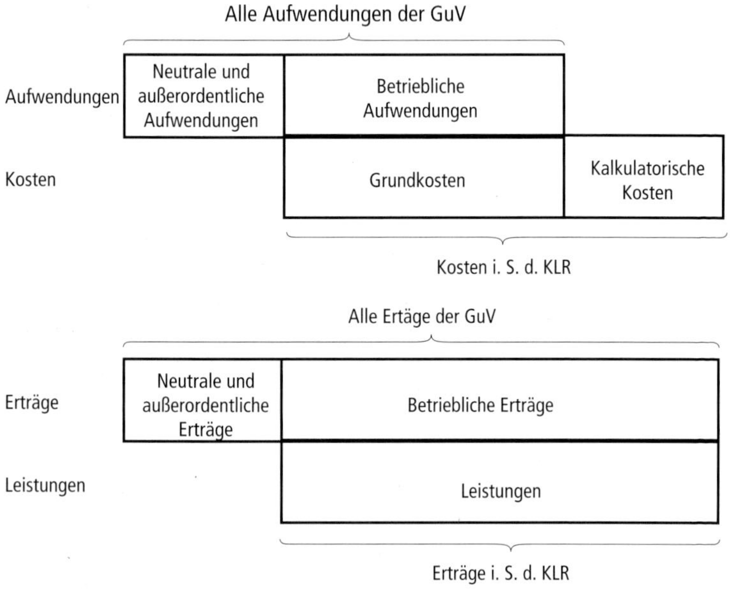

Als Filter zur Abgrenzung der Kosten dient die tabellarische Abgrenzungsrechnung.

Abgrenzungsrechnung als Filter

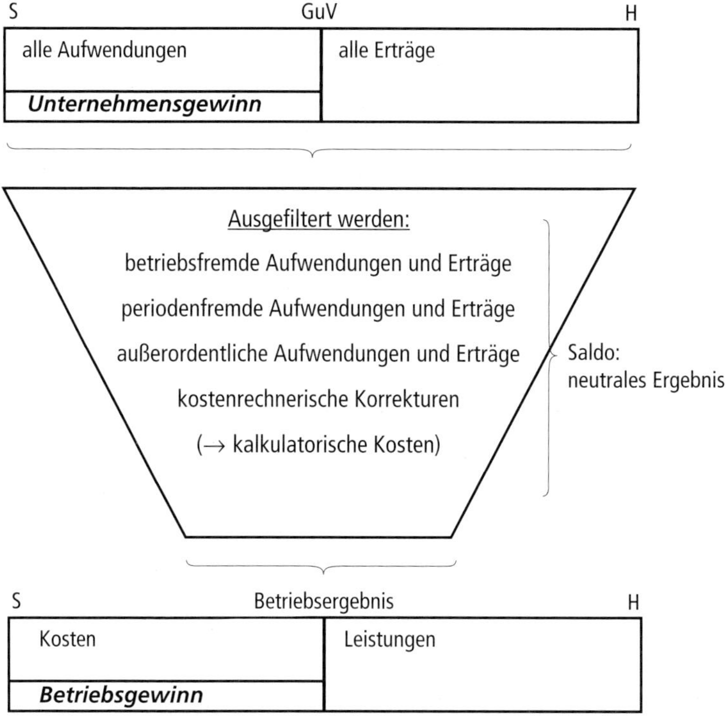

Kalkulatorische Kosten

▶ Kalkulatorische Kosten sind Kosten, die entweder gar nicht als Aufwand in der Gewinn- und Verlustrechnung auftauchen (Zusatzkosten) oder dort als Aufwand in anderer Höhe erfasst sind (Anderskosten).

Beispiele für kalkulatorische Kosten

Anderskosten (= aufwandsungleiche Kosten)	**Zusatzkosten (= aufwandslose Kosten)**
■ kalkulatorische Abschreibungen	■ kalkulatorischer Unternehmerlohn
■ kalkulatorische Zinsen	■ kalkulatorische Miete
■ kalkulatorische Wagnisse	

Kalkulatorische Abschreibungen

- Abschreibung von betriebsnotwendigen abnutzbaren Wirtschaftsgütern des Anlagevermögens
- Nicht der maximal steuerlich geltend zu machende Abschreibungsbetrag wie bei der bilanzmäßigen Abschreibung, sondern der tatsächliche Wertverlust wird angesetzt.
- auf der Grundlage der Wiederbeschaffungskosten und der tatsächlichen, betriebsindividuellen Nutzungsdauer

$$\text{Kalkulatorische AfA} = \frac{\text{Wiederbeschaffungswert}}{\text{betrieblich individuelle Nutzungsdauer}}$$

Kalkulatorische Zinsen

- können unabhängig von den tatsächlich gezahlten Zinsen auch als Zins für das eingesetzte Eigenkapital angesetzt werden
- beziehen sich auf das betriebsnotwendige Kapital (betriebsnotwendiges Anlage- und Umlaufvermögen)

▶ Kalk. Zinsen = betriebsnotw. Kapital · Zinssatz für langfristiges Kapital

Kalkulatorische Wagnisse

- Wagnis = Gefahr von Verlusten oder Schadensfällen (Wert-, Vermögens- oder Gewinnminderung)
- allgemeines Unternehmenswagnis: nicht kalkulierbar; geht nicht in KLR ein (z. B. fehlende Nachfrage für ein Produkt, Konjunkturabschwung)
- Einzelwagnis: konkrete Schadensanlässe, die in unregelmäßigen, nicht planbaren Zeitabständen zu Aufwendungen führen; vorhersehbar und durch Ansatz von Erfahrungswerten kalkulierbar (z. B. Diebstahl, Garantieansprüche, Schadensfälle)

Kalkulatorischer Unternehmerlohn

- fiktives Geschäftsführergehalt für den im Unternehmen tätigen Inhaber (nur bei Personengesellschaften)
- Höhe richtet sich nach Gehalt von angestellten Geschäftsführern bei vergleichbarer Unternehmensgröße und -branche.

Kalkulatorische Miete

- wird bei Einzelunternehmern und Personengesellschaften auf die Räume oder Sachen veranschlagt, die betrieblich genutzt werden, sich aber im Privatbesitz des Unternehmers befinden
- Höhe richtet sich nach der Fremdmiete, die bei vergleichbaren Gebäuden/Sachen entstehen würde.

Beispiel für eine tabellarische Abgrenzungsrechnung (Werte in EUR)

Erfolgsrechnung				Abgrenzungsbereich				KLR	
Konten der Geschäftsbuchführung		GuV-Konto		Unternehmensbezogene betriebsfremde Abgrenzungen		Kostenrechnerische Korrekturen, periodenfremde, außerordentliche, wertverändernde Positionen		Aufwands- und ertragsgleiche sowie kalkulatorische Kosten	
Kto-Nr.	Kontobezeichnung	Aufwand	Ertrag	Aufwand	Ertrag	Aufwand	Ertrag	Kosten	Leistungen
5000	Umsatzerlöse f. FE		6 200 000						6 200 000
5710	Zinserträge		80 000		80 000				
600-603	Aufw. für RHB-Stoffe	2 260 000						2 260 000	
6160	Fremdinstandhaltung	520 000						520 000	
62/6400	Löhne und Gehälter	2 340 000						2 340 000	
6520	Abschreibungen auf Sachanlagen	480 000				480 000			
6800	Büromaterial	21 000						21 000	
6870	Werbung	83 000						83 000	
6900	Versicherungsbeiträge	32 000						32 000	
7460	Verluste aus Wertpapierverkäufen	210 000		210 000					
7510	Zinsaufwendungen	175 000				175 000			
Kalkulatorische Abschreibungen							500 000	500 000	
Kalkulatorischer Unternehmerlohn							120 000	120 000	
		6 121 000	6 280 000	210 000	80 000	655 000	620 000	5 876 000	6 200 000
		159 000	**(= Unternehmensergebnis)**		–130 000		–35 000	324 000	
		6 280 000	6 280 000	210 000	832 000	655 000	655 000	6 200 000	6 200 000
						–165 000	(= Abgrenzungsergebnis)	**324 000**	(= Betriebsergebnis)
								159 000	(Kontrolle: Unternehmensergebnis = Abgrenzungsergebnis + Betriebsergebnis)

4.3.2 Kostenstellenrechnung (BAB)

Kostenartenrechnung

▶ Erfassung der Kosten nach der Kostenart (z. B. Personalkosten, Energiekosten usw.) und Unterscheidung von Einzel- und Gemeinkosten

- **Einzelkosten:** Kosten, die jedem Kostenträger (Produkt) direkt zugerechnet werden können (z. B. Wareneinsatz, Verkaufsprovisionen)
- **Gemeinkosten**: Kosten, die den Kostenträgern nur indirekt, d. h. über die Gemeinkostenzuschlagssätze zugerechnet werden können (z. B. Gehälter, Abschreibungen, Mietaufwendungen)

Kostenstellenrechnung

▶ Erfassung der Kosten nach dem Verursachungsprinzip, d. h., die Kosten werden den einzelnen betrieblichen Funktionen (z. B. Einkauf, Verwaltung) oder den Warengruppen (z. B. Elektronik, Haushalts-waren) zugeordnet.

Ziel: Verteilung der Gemeinkosten auf die Kostenstellen und Ermittlung der Gemeinkostenzuschlagssätze

Betriebsabrechnungsbogen (BAB)

▶ Werkzeug in der Form einer tabellarischen Kostenstellenrechnung

Ziel: Verteilung der Gemeinkosten auf die Kostenstellen und Ermittlung der Gemeinkostenzuschlagssätze

Kostenstelle im Sinne des BAB ist die „Verbrauchsstelle“ der Kosten. Allgemeine Kosten wie z. B. Miete, Strom oder Verwaltungskosten werden tatsächlich von allen Kostenstellen anteilig verbraucht und müssen daher nach bestimmten Verteilungsschlüsseln auf die Kostenstellen verteilt werden.

Beispiel für einen einstufigen BAB

Kostenarten	Zahlen der Buchhaltung	Verteilungs-grundlage	Kostenbereiche			
Gemeinkosten			I. Material	II. Fertigung	III. Verwaltung	IV. Vertrieb
Hilfsstoffaufwand	165 000,00 EUR	Entnahmeschein	– EUR	156 750,00 EUR	– EUR	8 250,00 EUR
Betriebsstoffaufwand	125 000,00 EUR	Entnahmeschein	– EUR	107 500,00 EUR	3 750,00 EUR	13 750,00 EUR
Energiekosten	62 400,00 EUR	Raumvolumen	14 800,00 EUR	35 400,00 EUR	11 400,00 EUR	800,00 EUR
Gehaltsaufwendungen	1 354 000,00 EUR	Verhältnis	446 820,00 EUR	379 120,00 EUR	460 360,00 EUR	67 700,00 EUR
Gesetzliche Sozialversicherungen	494 000,00 EUR	Lohnlisten	138 320,00 EUR	123 500,00 EUR	182 780,00 EUR	49 400,00 EUR
Miete	87 400,00 EUR	Raumfläche	20 300,73 EUR	26 711,49 EUR	20 941,81 EUR	19 445,97 EUR
Steuern	64 000,00 EUR	Verhältnis	8 960,00 EUR	18 560,00 EUR	26 880,00 EUR	9 600,00 EUR
Kalkulatorische Abschreibung	226 000,00 EUR	Verhältnis	33 900,00 EUR	131 080,00 EUR	49 720,00 EUR	11 300,00 EUR
Kalkulatorische Zinsen	47 000,00 EUR	Verhältnis	14 100,00 EUR	18 800,00 EUR	9 400,00 EUR	4 700,00 EUR
Summe Gemeinkosten	2 624 800,00 EUR		677 200,73 EUR	997 421,49 EUR	765 231,81 EUR	184 945,97 EUR
Zuschlagsgrundlagen (FM, FL, HKU)		Fertigungsmaterial	2 220 000,00 EUR			
		Fertigungslöhne		1 340 000,00 EUR		
		Herstellkosten des Umsatzes			5 084 622,22 EUR	5 084 622,22 EUR
		Ist-Zuschlagssätze	30,50 %	74,43 %	15,05 %	3,64 %

FM = Fertigungsmaterial; FL = Fertigungslöhne; HKU = Herstellkosten des Umsatzes

Berechnung der Zuschlagssätze

Materialgemeinkostenzuschlagssatz

$$= \frac{\text{Materialgemeinkosten} \cdot 100}{\text{Fertigungsmaterial}}$$

Beispiel:

$$= \frac{677\,200{,}73\ \text{EUR} \cdot 100}{2\,220\,000{,}00\ \text{EUR}} = \underline{\underline{30{,}50\ \%}}$$

Fertigungsgemeinkostenzuschlagssatz

$$= \frac{\text{Fertigungsgemeinkosten} \cdot 100}{\text{Fertigungslöhne}}$$

Beispiel:

$$= \frac{997\,421{,}49\ \text{EUR} \cdot 100}{1\,340\,000{,}00\ \text{EUR}} = \underline{\underline{74{,}43\ \%}}$$

Herstellkosten des Umsatzes (HKU)

Als Zuschlagsgrundlage für den Verwaltungs- und Vertriebsgemeinkostenzuschlagssatz sind die Herstellkosten des Umsatzes heranzuziehen.

Berechnung der Herstellkosten des Umsatzes:

Beispiel:

Fertigungsmaterial (FM)	2 220 000,00 EUR
+ Materialgemeinkosten (MGK)	677 200,73 EUR
= Materialkosten (MK)	2 897 200,73 EUR
Fertigungslöhne (FL)	1 340 000,00 EUR
+ Fertigungsgemeinkosten	997 421,49 EUR
Fertigungskosten	2 337 421,49 EUR
Herstellkosten der Erzeugung (HKE) [= MK + FK]	5 234 622,22 EUR

+/- Bestandsveränderungen unfertige Erzeugnisse (BV uFE) [+ bei Minderbestand, - bei Mehrbestand]	0,00 EUR
+/- Bestandsveränderungen fertige Erzeugnisse (BV FE) [+ bei Minderbestand, - bei Mehrbestand]	–150 000,00 EUR (hier: Mehrbestand)
= Herstellkosten des Umsatzes (HKU)	5 084 622,22 EUR

Verwaltungsgemeinkostenzuschlagssatz

$$= \frac{\text{Verwaltungsgemeinkosten} \cdot 100}{\text{Herstellkosten des Umsatzes}}$$

Beispiel:

$$= \frac{765\,231{,}81 \text{ EUR} \cdot 100}{5\,084\,622{,}22 \text{ EUR}} = \underline{\underline{15{,}05\ \%}}$$

Vertriebsgemeinkostenzuschlagssatz

$$= \frac{\text{Vertriebsgemeinkosten} \cdot 100}{\text{Herstellkosten des Umsatzes}}$$

Beispiel:

$$= \frac{184\,945{,}97 \text{ EUR} \cdot 100}{5\,084\,622{,}22 \text{ EUR}} = \underline{\underline{3{,}64\ \%}}$$

4.3.3 Kostenträgerrechnung

▶ Unter der **Kostenträgerrechnung** versteht man die Zurechnung der Kosten auf den jeweiligen Kostenträger, sprich die Ermittlung der Selbstkosten je Produkt.

Die Kalkulationsmethode richtet sich nach dem Fertigungsverfahren.

Massenfertigung	→	Divisionskalkulation
Sortenfertigung	→	Äquivalenzziffernkalkulation
Einzelfertigung	→	Gesamtkosten = Stückkosten
Serienfertigung	→	Zuschlagskalkulation

Divisionskalkulation

Dieses Kalkulationsverfahren wird angewendet in Betrieben mit Einproduktfertigung (z. B. Zementwerk). Eine gesonderte Zuordnung von Gemeinkosten und Einzelkosten ist nicht erforderlich. Daher können die Selbstkosten je Einheit berechnet werden, indem alle Kosten durch die hergestellte Menge dividiert werden.

$$\text{Selbstkosten je Einheit} = \frac{\text{Gesamtkosten des Betriebes}}{\text{hergestellte Menge}}$$

Äquivalenzziffernkalkulation

Die Kalkulation mit Äquivalenzziffern (ÄZ) wird als erweiterte Divisionskalkulation in Betrieben mit gleichartigen Erzeugnissen angewendet, die einem vergleichbaren Produktionsprozess unterliegen und sich lediglich durch Größe, Gewicht oder Bearbeitungszeit unterscheiden (z. B. Brauerei, Schraubenherstellung).

Produkt	Menge	Äquivalenzziffer (ÄZ)	Verrechnungseinheit (VE)	Selbstkosten gesamt (K)	Selbstkosten je Einheit (k)
Sorte A					
Sorte B					

(1) Menge je Sorte · ÄZ = Verrechnungseinheit (VE)

(2) Summe der VE

(3) Selbstkosten je VE =
Selbstkosten gesamt : Summe der Verrechnungseinheiten

(4) Selbstkosten je Sorte (K) = VE je Sorte · Selbstkosten je VE

(5) Selbstkosten je Erzeugniseinheit (k) =
Selbstkosten je Sorte gesamt (K) : Menge

Beispiel:

Ein Unternehmen stellt in Sortenfertigung die Produkte A, B und C her.

Die Kosten dieser drei Sorten verhalten sich wie 0,8 (A) : 1,2 (B) : 1,8 (C). Dies sind die Ergebnisse jahrelanger Kostenbeobachtungen. Im letzten

Abrechnungsmonat wurden bei 3 450 000,00 EUR Selbstkosten folgende Stückzahlen hergestellt:

Produkt A: 250 Stück, Produkt B: 1 000 Stück, Produkt C: 500 Stück

Wie hoch sind die Kosten jeder Sorte und je Stück?

Produkt	Menge	(ÄZ)	(VE)	(K)	(k)
A	250	0,80	200	300 000	1 200
B	1 000	1,20	1 200	1 800 000	1 800
C	500	1,80	900	1 350 000	2 700
			2 300	3 450 000	

Bei 3 450 000,00 EUR Gesamtkosten belaufen sich die Kosten pro Verrechnungseinheit auf:

$$\frac{3\,450\,000{,}00\ EUR}{2\,300\ VE} = 1\,500{,}00\ \ EUR/VE$$

Zuschlagskalkulation

	Fertigungsmaterial (FM)
+	Materialgemeinkosten (MGK) → %-Satz laut BAB
=	MATERIALKOSTEN (MK)
	Fertigungslöhne (FL)
+	Fertigungsgemeinkosten (FGK) → %-Satz laut BAB
+	Sondereinzelkosten der Fertigung (SEK Fe)
=	FERTIGUNGSKOSTEN (FK)
=	HERSTELLKOSTEN (HK = MK + FK)
+	Verwaltungsgemeinkosten → %-Satz laut BAB
+	Vertriebsgemeinkosten → %-Satz laut BAB
+	Sondereinzelkosten des Vertriebs (SEK Vt)
=	SELBSTKOSTEN je Kostenträger

Sondereinzelkosten (SEK)

▸ auftragsbezogene, einmalige Sonderkosten, deren Höhe exakt messbar ist und die dem Produkt direkt zurechenbar sind

- **Sondereinzelkosten der Fertigung:** z.B. Pläne, Modelle, Formen
- **Sondereinzelkosten des Vertriebs:** z.B. Vertreterprovisionen, einmalige außergewöhnliche Ausgangsfrachten oder Zölle

Nachkalkulation

Ein Unternehmen kalkuliert mit Normal-Zuschlagssätzen, die sich als Durchschnittswert der Ist-Zuschlagssätze der vergangenen zwölf Monate ergeben haben. Bei der Nachkalkulation (Kostenträgerzeitrechnung) kann überprüft werden, ob die tatsächlich entstandenen Istkosten von den in der Vorkalkulation angenommenen Normalkosten abweichen. Eine Abweichung bezeichnet man als Kostenüberdeckung bzw. Kostenunterdeckung.

- **Kostenüberdeckung:** Normalkosten > Ist-Kosten
→ Es wurde mit zu hohen Kosten kalkuliert.
- **Kostenunterdeckung:** Normalkosten < Ist-Kosten
→ Es wurde mit zu niedrigen Kosten kalkuliert.

	Verrechnete Normalkosten	Tatsächlich entstandene Ist-Kosten	Kosten-überdeckung bzw. -unterdeckung
FM + MGK			 +/-
= MK FL + FGK + SEK Fe	VORKALKULATION	NACHKALKULATION	+/-
= FK = HKE			+/-
= HKU + VwGK + VtGK + SEK Vt			 +/- +/-
= SK			+/-

5 Statistik

5.1 Aufgaben

▶ Die Statistik ist ein Teilbereich des betrieblichen Rechnungswesens. Ihre Aufgabe ist die Aufbereitung und übersichtliche Darstellung des aus der Buchhaltung und der Kosten- und Leistungsrechnung stammenden Zahlenmaterials.

Bei der Statistik unterscheidet man den innerbetrieblichen und den außerbetrieblichen Vergleich:

Innerbetrieblicher Vergleich	Außerbetrieblicher Vergleich
Hier werden die Daten aus einem Unternehmen miteinander verglichen. ***Beispiel:*** *Umsatzentwicklung im Zeitablauf für verschiedene Produkte desselben Unternehmens*	Es werden innerbetriebliche Daten wie Umsatz, Mitarbeiterzahl, Produktionsmengen mit den Zahlen ähnlicher Betriebe verglichen.

Ziel der Statistik ist die schnelle Bereitstellung von übersichtlichen, kompakten Zahleninformationen, die als Basis für zukünftige Entscheidungen dienen können.

5.2 Darstellungsmethoden

Die Aufbereitung und Veranschaulichung des betrieblichen Zahlenmaterials erfolgen in der Statistik durch Tabellen und Diagramme, die mithilfe eines Tabellenkalkulationsprogramms (z. B. Excel) erstellt werden.

Tabellen

	1. Quartal	2. Quartal	3. Quartal	4. Quartal
Produkt A	123 400	112 982	120 113	134 679
Produkt B	111 987	110 345	118 986	116 734
Produkt C	98 340	101 156	109 198	113 899

Diagramme

Liniendiagramm

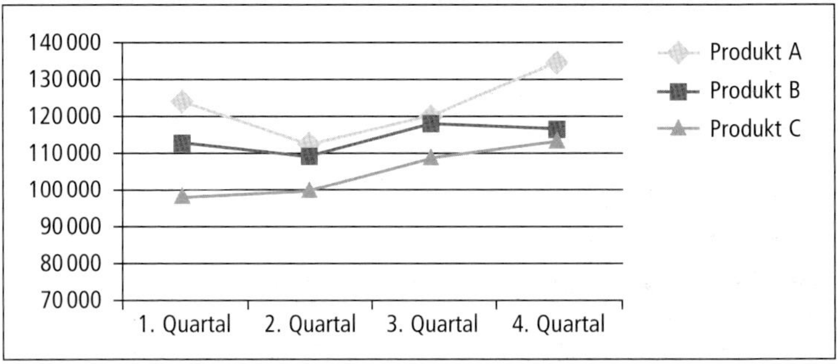

Säulendiagramm

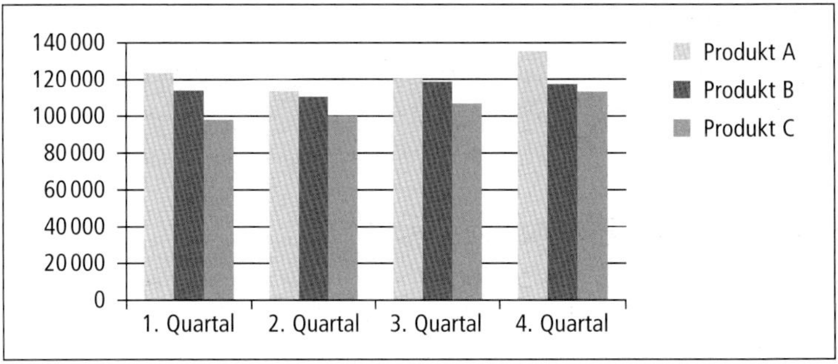

Balkendiagramm

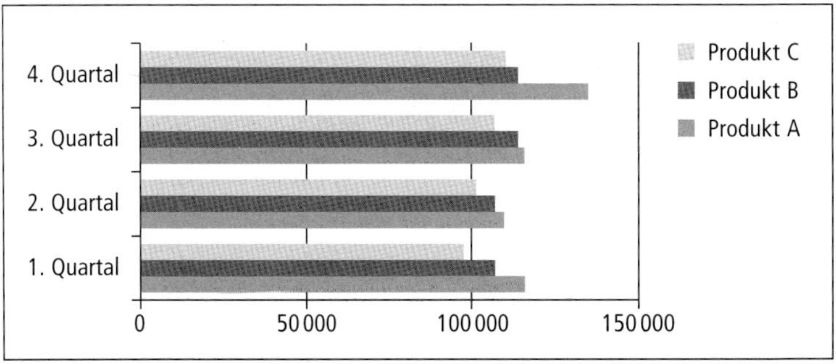

Kreisdiagramm

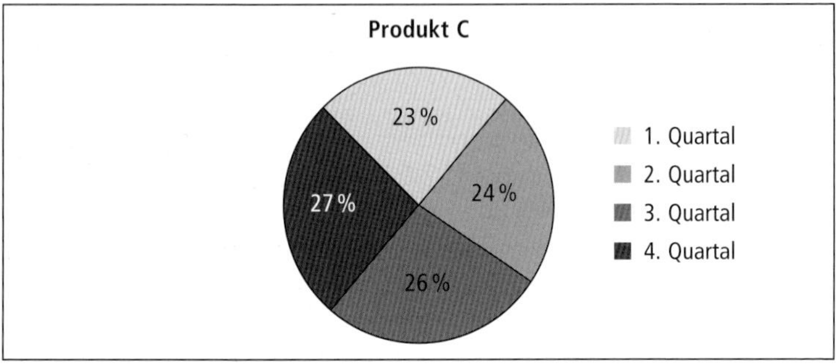

6 Controlling

6.1 Begriff und Aufgaben

- Controlling ist ein Instrument, das die Unternehmensleitung in ihren Entscheidungen unterstützt.

Es dient einer ergebnisorientierten Planung, Steuerung und Kontrolle des gesamten Unternehmens in all seinen Bereichen. Es ist ein:

1. **Informationsinstrument:** Beschaffung und Aufbereitung von Informationen
2. **Planungsinstrument:** Formulierung und Vorgabe von messbaren Zielen
3. **Kontrollinstrument:** Überwachung, ob die vorgegebenen Planwerte eingehalten wurden
4. **Steuerungsinstrument:** Analyse der Ursachen von Abweichungen und Vorschläge für mögliche Steuerungsmaßnahmen zur Zielerreichung

Ziel des Controllings ist es, eine vorausschauende Erfolgssteuerung des Unternehmens zu ermöglichen.

6.2 Instrumente

1. **Kennzahlensysteme:** Zusammenfassung von mehreren Kennzahlen aus einem bestimmten betrieblichen Bereich, z. B. Lagerkennzahlen
2. **Budgetierung:** Vorgabe von Planzahlen (Sollwerte) für alle betrieblichen Teilbereiche in Form von Mengengrößen (z. B. geplante Verkaufszahlen für eine Warengruppe) und von Wertgrößen (z. B. Vorgabe der Personalaufwendungen für das Lager)
3. **Soll-Ist-Vergleiche:** Vergleich der Plandaten mit den tatsächlich erwirtschafteten Daten (Ist-Werten); Analyse der Abweichungsursachen
4. **Berichtswesen:** Sammlung, Auswertung und Präsentation von betrieblichen Informationen. Das Berichtswesen liefert den Entscheidungsträgern Daten für Planung, Kontrolle und Steuerung.

6.3 Anwendungsbereiche

Beschaffungs-controlling	**Lieferantenanalyse** Mithilfe einer ABC-Analyse seiner Lieferanten kann ein Unternehmen feststellen, wie stark der Einkauf sich auf bestimmte Lieferer konzentriert. A-Güter sind hierbei die Güter mit dem höchsten Wertanteil, C-Güter diejenigen mit dem geringsten Wertanteil. Hieraus kann das Unternehmen Rückschlüsse ziehen, welche Beschaffungsgüter z. B. für Verhandlungen über Einkaufskonditionen besonders bedeutsam sind.

Lager-controlling	**Lagerkennziffern** Die Minimierung der Lagerhaltungskosten ist ein wesentliches Ziel jedes Unternehmens. Hierzu liefern die Lagerkennziffern wertvolle Informationen. $\varnothing \text{ Lagerbestand} = \frac{\text{Jahresanfangsbest.} + \text{12 Monatsendbest.}}{\text{(in Euro oder Stück) 13}}$ $\text{Umschlagshäufigkeit} = \frac{\text{Jahresabsatz}}{\text{durchschnittlicher Lagerbestand}}$ $\text{Durchschnittliche Lagerdauer} = \frac{360}{\text{Umschlagshäufigkeit}}$ $\text{Lagerzinssatz} = \frac{\text{Jahreszinssatz} \cdot \varnothing \text{ Lagerdauer}}{360}$ $\text{Lagerzinsen} = \frac{\varnothing \text{ Lagerbestand in Euro} \cdot \text{Lagerzinssatz}}{100}$
Produktions-controlling	**Produktionskosten** Ein wichtiges Ziel ist die Überwachung der Produktionskosten einerseits im Hinblick auf die Rentabilität des im Produktionsbereich eingesetzten Kapitals, andererseits zur Sicherstellung einer hohen qualitativen und quantitativen Anpassungsfähigkeit in der Produktionssteuerung.
	Kapazitätsauslastung Sind die Maschinen und die Mitarbeiter ausgelastet? In welchem Umfang gibt es freie Kapazitäten? Hat es Sinn, Zusatzaufträge anzunehmen? $\text{Produktivität} = \frac{\text{Outputmenge (in Stück, Meter, Kilogramm usw.)}}{\text{Inputmenge (als Arbeitszeit usw.)}}$ z. B. $\text{Arbeitsproduktivität} = \frac{\text{630 Stück}}{\text{90 Arbeitsstunden}} = \text{7 Stück/Stunde}$
	Termintreue In welchem Umfang können zugesagte Liefertermine eingehalten werden?

Absatz-controlling	**Umsatz- und Absatzdatenanalyse** Absatz: verkaufte Stückzahl Umsatz: verkaufte Stückzahl · Verkaufspreis Das ERP-System (Enterprise Ressource Planning, z. B. SAP) liefert Informationen über die getätigten Umsätze, gegliedert nach einzelnen Produkten, Produktgruppen, Vertriebsregionen oder Kunden.
Personal-controlling	**Personalkostenanalyse** Darstellung der wichtigsten Einflussfaktoren auf die Personalkosten
	Analyse der Personalstruktur Hierzu dienen Kennzahlen wie die Anteile höher qualifizierter Mitarbeiter (Qualifizierungsquote), der Auszubildenden (Ausbildungsquote), von Teilzeitbeschäftigten oder von Frauen im Unternehmen. $\varnothing \text{ jährl. Personalbest.} = \frac{\text{Jahresanfangsbest.} + 12 \text{ Monatsendbest.}}{13}$
	Analyse der Personalentwicklung Das Controlling liefert in diesem Bereich Kennzahlen über Krankenstand, Fehlzeiten und Fluktuation. $\text{jährliche Fluktuationsquote} = \frac{\text{Anzahl der jährl. Abgänge} \cdot 100}{\varnothing \text{ jährl. Personalbestand}}$
Controlling im Finanz- und Rechnungs-wesen	**Eigenkapitalrentabilität (EKR)** gibt die Verzinsung des eingesetzten Eigenkapitals an. $\text{Eigenkapitalrentabilität} = \frac{\text{Gewinn} \cdot 100}{\text{Eigenkapital}}$
	Umsatzrentabilität zeigt an, wie viel Euro Gewinn je 100,00 EUR Umsatz dem Einzelhandelsunternehmen zugeflossen sind. $\text{Umsatzrentabilität} = \frac{\text{Gewinn} \cdot 100}{\text{Umsatz}}$
	Eigenkapitalquote zeigt an, welchen prozentualen Anteil das Eigenkapital an der Gesamtfinanzierung des Unternehmens hat. $\text{Eigenkapitalquote} = \frac{\text{Eigenkapital} \cdot 100}{\text{Gesamtkapital } (= \text{EK} + \text{FK})}$

Fremdkapitalquote
zeigt an, welchen prozentualen Anteil das Fremdkapital an der Gesamtfinanzierung des Unternehmens hat.

$$\text{Fremdkapitalquote} = \frac{\text{Fremdkapital} \cdot 100}{\text{Gesamtkapital } (= \text{EK} + \text{FK})}$$

Liquidität
gibt Auskunft über die Zahlungsfähigkeit des Unternehmens.

$$\text{Liquidität 1. Grades} = \frac{\text{flüssige Mittel } (= \text{Bank} + \text{Kasse}) \cdot 100}{\text{kurzfristige Schulden}}$$

$$\text{Liquidität 2. Grades} = \frac{(\text{liquide Mittel} + \text{kurzfristige Forderungen}) \cdot 100}{\text{kurzfristige Schulden}}$$

$$\text{Liquidität 3. Grades} = \frac{\text{Umlaufvermögen} \cdot 100}{\text{kurzfristige Schulden}}$$

Cashflow
dient in der erfolgswirtschaftlichen Unternehmensanalyse als Ertragsindikator.

Cashflow = Jahresüberschuss + Abschreibungen + Zunahme der langfristigen Rückstellungen

Industriekontenrahmen

Kontenklasse 0
Anlagevermögen
Immaterielle Vermögensgegenstände und Sachanlagen

00 Ausstehende Einlagen
- 0000 Ausstehende Einlagen

Immaterielle Vermögensgegenstände

02 Konzessionen, gewerbliche Schutzrechte, Lizenzen
- 0200 Konzessionen, gewerbliche Schutzrechte, Lizenzen

03 Geschäfts- oder Firmenwert
- 0300 Geschäfts- oder Firmenwert

05 Grundstücke, grundstücksgleiche Rechte und Bauten einschließlich der Bauten auf fremden Grundstücken
- 0500 Unbebaute Grundstücke
- 0510 Bebaute Grundstücke
- 0530 Betriebsgebäude
- 0540 Verwaltungsgebäude
- 0550 Andere Bauten
- 0560 Grundstückseinrichtungen
- 0570 Gebäudeeinrichtungen
- 0590 Wohngebäude

07 Technische Anlagen und Maschinen
- 0700 Technische Anlagen und Maschinen
- 0740 Anlagen für Arbeitssicherheit und Umweltschutz
- 0750 Transportanlagen und ähnliche Betriebsvorrichtungen
- 0760 Verpackungsanlagen und -maschinen
- 0770 Sonstige Anlagen und Maschinen
- 0790 Sammelposten Anlagen und Maschinen (Wirtschaftsgüter ab 150,00 EUR bis 1 000,00 EUR)

08 Andere Anlagen, Betriebs- und Geschäftsausstattung
- 0800 Andere Anlagen
- 0810 Werkstätteneinrichtung
- 0820 Werkzeuge, Werksgeräte und Modelle, Prüf- und Messmittel
- 0830 Lager- und Transporteinrichtungen
- 0840 Fuhrpark
- 0860 Büromaschinen, Organisationsmittel und Kommunikationsanlage
- 0870 Büromöbel und sonstige Geschäftsausstattung
- 0890 Sammelposten der Betriebs- und Geschäftsausstattung (Wirtschaftsgüter ab 150,00 EUR bis 1 000,00 EUR)

09 Geleistete Anzahlungen u. Anlag. im Bau
- 0900 Geleistete Anzahlungen auf Sachanlagen
- 0950 Anlagen im Bau

Kontenklasse 1
Anlagevermögen Finanzanlagen

Finanzanlagen

13 Beteiligungen
- 1300 Beteiligungen

15 Wertpapiere des Anlagevermögens
- 1500 Stammaktien
- 1590 Sonstige Wertpapiere

16 Sonstige Finanzanlagen
- 1600 Sonstige Finanzanlagen

Kontenklasse 2
Umlaufvermögen und aktive Rechnungsabgrenzung

Vorräte

20 Roh-, Hilfs- und Betriebsstoffe
- 2000 Rohstoffe/Fertigungsmaterial
- 2010 Vorprodukte/Fremdbauteile
- 2020 Hilfsstoffe
- 2030 Betriebsstoffe
- 2040 Verpackungsmaterial
- 2070 Sonstiges Material

21 Unfertige Erzeugnisse, unfertige Leistungen
- 2100 Unfertige Erzeugnisse
- 2190 Unfertige Leistungen

22 Fertige Erzeugnisse und Waren
- 2200 Fertige Erzeugnisse
- 2280 Waren (Handelswaren)

23 Geleistete Anzahlungen auf Vorräte
- 2300 Geleistete Anzahlungen

Forderungen und sonstige Vermögensgegenstände

24 Forderungen aus LL.
- 2400 Forderungen aus Lieferungen und Leistungen
- 2470 Zweifelhafte Forderungen

26 Sonstige Vermögensgegenstände
- 2600 Vorsteuer (voller Steuersatz)
- 2610 Vorsteuer (ermäßigter Steuersatz)
- 2630 Sonstige Forderungen an Finanzbehörden
- 2640 SV-Beitragsvorauszahlung
- 2650 Forderungen an Mitarbeiter
- 2690 Sonstige Forderungen (Jahresabgrenzung)

27 Wertpapiere des Umlaufvermögens
- 2700 Wertpapiere des Umlaufvermögens

28 Flüssige Mittel
- 2800 Guthaben bei Kreditinstituten (Bank)
- 2850 Postbankguthaben
- 2860 Schecks
- 2880 Kasse
- 2890 Nebenkassen

29 Aktive Rechnungsabgrenzung (ARA)
- 2900 Aktive Jahresabgrenzung

Kontenklasse 3
Eigenkapital und Rückstellungen

Eigenkapital

30 Eigenkapital bei Personengesellschaften
- 3000 Eigenkapital
  - 3001 Privatkonto
- 3070 Kommanditkapital

31 Kapitalrücklage
- 3100 Kapitalrücklage

32 Gewinnrücklagen
- 3210 Gesetzliche Rücklagen
- 3230 Satzungsmäßige Rücklagen
- 3240 Andere Gewinnrücklagen

36 Wertberichtigungen
- 3670 Einzelwertberichtigung zu Forderungen
- 3680 Pauschalwertberichtigung zu Forderungen

Rückstellungen

37 Rückstellungen für Pensionen und ähnliche Verpflichtungen
- 3700 Rückstellungen für Pensionen und ähnliche Verpflichtungen

38 Steuerrückstellungen
- 3800 Steuerrückstellungen

39 Sonstige Rückstellungen
- 3910 - für Gewährleistungen
- 3920 - für Rechts- und Beratungskosten
- 3930 - für andere ungewisse Verbindlichkeiten
- 3990 - für andere Aufwendungen

Kontenklasse 4
Verbindlichkeiten und passive Rechnungsabgrenzung

Verbindlichkeiten

41 Anleihen

42 Verbindlichkeiten gegenüber Kreditinstituten
- 4200 Kurzfristige Bankverbindlichkeiten
- 4250 Langfristige Bankverbindlichkeiten

43 Erhaltene Anzahlungen auf Bestellungen
- 4300 Erhaltene Anzahlungen auf Bestellungen

44 Verbindlichkeiten aus Lieferungen und Leistungen
- 4400 Verbindlichkeiten aus Lieferungen und Leistungen

45 Wechselverbindlichkeiten
- 4550 Schuldwechsel

48 Sonstige Verbindlichkeiten
- 4800 Umsatzsteuer (voller Steuersatz)
- 4810 Umsatzsteuer (ermäßigter Steuersatz)
- 4830 Verbindlichkeiten gegenüber Finanzbehörden
- 4840 Verbindlichkeiten gegenüber Sozialversicherungsträgern
- 4850 Verbindlichkeiten gegenüber Mitarbeitern

4860 Verbindlichkeiten aus vermögenswirksamen Leistungen
4870 Verbindlichkeiten gegenüber Gesellschaftern
4880 Sonstige Steuerverbindlichkeiten
4890 Sonstige Verbindlichkeiten (Jahresabgrenzung)

49 Passive Rechnungsabgrenzung (PRA)
4900 Passive Rechnungsabgrenzung

Kontenklasse 5
Umsatzerlöse und sonstige Erträge

50 Umsatzerlöse für eigene Erzeugnisse und andere Leistungen
5000 Umsatzerlöse für eigene Erzeugnisse
- 5001 Erlösberichtigungen

51 Umsatzerlöse für Handelswaren
5100 Umsatzerlöse für Handelswaren
- 5101 Erlösberichtigungen

52 Erhöhung oder Verminderung des Bestandes an unfertigen/fertigen Erzeugnissen und Handelswaren
5200 Bestandsveränderungen
- 5201 Bestandsveränderungen an unfertigen Erzeugnissen
- 5202 Bestandsveränderung an fertigen Erzeugnissen
- 5203 Bestandsveränderungen an Handelswaren

53 Andere aktivierte Eigenleistungen
5300 Andere aktivierte Eigenleistungen

54 Sonstige betriebliche Erträge
5400 Nebenerlöse
- 5401 - aus Vermietung und Verpachtung
- 5403 - aus Werksküche und Kantine
- 5409 Sonstige Nebenerlöse

5410 Sonstige Erlöse
- 5411 Provisionserlöse
- 5412 Lizenzerlöse

5420 Entnahme (Eigenverbrauch)
5460 Erträge aus dem Abgang von Vermögensgegenständen (Nettoerlös: Erlös – Buchwert)
5480 Erträge aus der Auflösung von Rückstellungen
5490 Periodenfremde Erträge

55 Erträge aus Beteiligungen
5500 Erträge aus Beteiligungen

56 Erträge aus anderen Finanzanlagen
5600 Erträge aus anderen Finanzanlagen

57 Sonstige Zinsen und ähnliche Erträge
5710 Zinserträge
5730 Diskonterträge
5780 Erträge aus Wertpapieren des Umlaufvermögens
5790 Sonstige zinsähnliche Erträge

58 Außerordentliche Erträge
5800 Außerordentliche Erträge

Kontenklasse 6
Betriebliche Aufwendungen

Materialaufwand

60 Aufwendungen für Roh-, Hilfs- und Betriebsstoffe und für bezogene Waren
6000 Aufwendungen für Rohstoffe/Fertigungsmaterial
- 6001 Bezugskosten
- 6002 Nachlässe

6010 Aufwendungen für Vorprodukte/Fremdbauteile
- 6011 Bezugskosten
- 6012 Nachlässe

6020 Aufwendungen für Hilfsstoffe
- 6021 Bezugskosten
- 6022 Nachlässe

6030 Aufwendungen für Betriebsstoffe
- 6031 Bezugskosten
- 6032 Nachlässe

6040 Aufwendungen für Verpackungsmaterial
- 6041 Bezugskosten
- 6042 Nachlässe

6050 Aufwendungen für Energie
6060 Aufwendungen für Reparaturmaterial
6070 Aufwendungen für sonstiges Material
6080 Aufwendungen für (Handels-) Waren
- 6081 Bezugskosten
- 6082 Nachlässe

61 Aufwendungen für bezogene Leistungen
6100 Fremdleistungen für Erzeugnisse und andere Umsatzleistungen
6140 Ausgangsfrachten und Nebenkosten (Fremdlager)

6150 Vertriebsprovision
6160 Fremdinstandhaltung
6170 Sonstige Aufwendungen für bezogene Leistungen

Personalaufwand

62 Löhne
6200 Löhne
6220 Sonstige tarifliche oder vertragliche Aufwendungen
6230 Freiwillige Zuwendungen
6250 Sachbezüge

63 Gehälter
6300 Gehälter
6320 Sonstige tarifliche oder vertragliche Aufwendungen
6330 Freiwillige Zuwendungen
6350 Sachbezüge

64 Soziale Abgaben und Aufwendungen für Altersversorgung und für Unterstützung
6400 Arbeitgeberanteil zur Sozialversicherung (Lohnbereich)
6410 Arbeitgeberanteil zur Sozialversicherung (Gehaltsbereich)
6420 Beiträge zur Berufsgenossenschaft
6440 Aufwendungen für Altersversorgung
6490 Aufwendungen für Unterstützung

Abschreibungen auf Anlagevermögen

65 Abschreibungen
6510 Abschreibung auf immaterielle Vermögensgegenstände des Anlagevermögens
6520 Abschreibungen auf Sachanlagen
6540 Abschreibungen auf Sammelposten (Wirtschaftsgüter ab 150,00 EUR bis 1 000,00 EUR)
6550 Außerplanmäßige Abschreibungen auf Sachanlagen

Sonstige betriebliche Aufwendungen

66 Sonstige Personalaufwendungen
6600 Aufwendungen für Personaleinstellung
6610 Aufwendungen für Fahrtkosten
6640 Aufwendungen für Fort- und Weiterbildung
6650 Aufwendungen für Dienstjubiläen
6660 Aufwendungen für Belegschaftsveranstaltungen
6670 Aufwendungen für Werksküche und Sozialeinrichtungen
6690 Sonstige Personalaufwendungen

67 Aufwendungen für die Inanspruchnahme von Rechten und Diensten
6700 Mieten, Pachten
6710 Leasing
6720 Lizenzen und Konzessionen
6730 Gebühren
6750 Kosten des Geldverkehrs
6760 Provisionsaufwendungen (außer Vertriebsprovision)
6770 Rechts- und Beratungskosten

68 Aufwendungen für Kommunikation (Dokumentation, Information u. Reisen)
6800 Büromaterial
6810 Zeitungen und Fachliteratur
6820 Postgebühren, Telefon
6850 Reisekosten
6860 Bewirtung und Präsentation
6870 Werbung
6880 Spenden
6890 Sonstige Aufwendungen für Kommunikation

69 Aufwendungen für Beiträge und Sonstiges sowie Wertkorrekturen und periodenfremde Aufwendungen
6900 Versicherungsbeiträge
6920 Beiträge zu Wirtschaftsverbänden und Berufsvertretungen
6930 Verluste aus Schadensfällen
6950 Abschreibungen auf Forderungen
- 6951 Abschreibungen auf Forderungen
- 6952 Einstellung in Einzelwertberichtigung
- 6953 Einstellung in Pauschalwertberichtigung

6960 Verluste aus dem Abgang von Vermögensgegenständen
6990 Periodenfremde Aufwendungen

Kontenklasse 7
Weitere Aufwendungen

70 Betriebliche Steuern
7020 Grundsteuer
7030 Kraftfahrzeugsteuer
7070 Ausfuhrzölle
7080 Verbrauchsteuer
7090 Sonstige betriebliche Steuern

74 **Abschreibungen auf Finanzanlagen und auf Wertpapiere des Umlaufvermögens**

7400	Abschreibungen auf Finanzanlagen
7410	Abschreibungen auf Wertpapiere des Umlaufvermögens
7450	Verluste aus dem Abgang von Finanzanlagen
7460	Verluste aus dem Abgang von Wertpapieren des Umlaufvermögens

75 **Zinsen und ähnliche Aufwendungen**

7510	Zinsaufwendungen
7530	Diskontaufwendungen
7590	Sonstige zinsähnliche Aufwendungen

76 **Außerordentliche Aufwendungen**

7600	Außerordentliche Aufwendungen

77 **Steuern vom Einkommen und Ertrag**

7700	Gewerbesteuer
7710	Körperschaftsteuer (bei Kapitalgesellschaften)
7720	Kapitalertragsteuer (bei Kapitalgesellschaften)

Kontenklasse 8 – Ergebnisrechnungen

80 **Eröffnung/Abschluss**

8000	Eröffnungsbilanzkonto (EBK)
8010	Schlussbilanzkonto (SBK)
8020	Gewinn- und Verlustkonto (GuV)

Kontenklasse 9 – Kosten- und Leistungsrechnung

In der Praxis wird die Kosten- und Leistungsrechnung gewöhnlich tabellarisch durchgeführt.

Bildquellenverzeichnis

Bildungsverlag EINS GmbH, Köln/Angelika Brauner, Hohenpeißenberg: S. 128

Fotolia.com/gepard: S. 165, 166, 167, 168

Sachwortverzeichnis